人の心を動かして10倍業績を上げる法

菊地亮太 著

セルバ出版

はじめに

はじめまして。経営革新プロデューサーの菊地亮太です。早いもので、独立して丸5年が経ちました。この5年間で、様々な会社の支援をしてきました。

みなさん、会社をよりよくしたい、現状を打破したいと思って、筆者のところを訪れます。しかし、実際に支援まで至らない方もいらっしゃいます。そのような方は、筆者に依頼すれば、自分は何もしなくても、後は筆者がすべて行うことを期待されています。残念ながら、そのご希望には沿えません。なぜならば、会社をよくするのは、経営者であり、現場で働く従業員だからです。筆者は、あくまで裏方でプロデュースをします。

経営革新というと、何か新しいことを始めなければならないと考えがちです。例えば、競合との差別化を図るためにリブランディングしたい、店舗を改装したいといった依頼が来ます。ところが、実際にまったく新しいことを行うことは、ほとんどありません。長い歴史の中で埋もれてしまった、自分たちの想いや強みを掘り起こす。それを顧客にもう1度適切に伝える。全社一丸となって、仕事に誇りを持って取り組む。これだけのことをするだけで、会社は生まれ変わります。

経営革新は、「理念経営」「価値訴求」「組織活性」の3本の柱から成り立っています。この3本の柱すべてを完成させることで、経営革新は成し遂げられます。やり方は、難しくありません。会社のことを本気で考えて、顧客や組織と真剣に向き合います。辛い現実から目を逸らさずに、やるべきことを実行します。やり遂げる覚悟とやり抜く情熱があれば、相手を動かすことができます。相手の心が動いて、自社のファンになれば、10倍業績を上げることも可能です。

今でこそ、経営革新プロデューサーとして活動していますが、筆者の新卒時代は、ダメ従業員でした。取扱商品を好きになれず、営業成績は上がりませんでした。会社の方針に馴染めずに、組織でも浮いた存在でした。可愛がってくださる先輩もいましたが、同僚から妬まれたり、直属の上司から叩かれたりする日々を送っていました。会社にいるのが嫌で、自分の時間を売って給料をもらっているという感覚でした。何かが違うと感じながらも、何もできずにいました。

きっかけは、転職先での経験です。自分の好きな商品を取り扱うことができる。組織の仲間と、仕事の仕方や会社の働き方について議論ができる。こんな楽しい仕事の仕方もあるのだと気がつきました。そして、自分のやりたいこと、大切にしたいことを追求して、独立をしました。

独立後は、「経営者の想いを大切にする経営」、「仕事に誇りを持って働ける経営」を理想とし、共感していただける支援先の方々と経営革新に取り組んでいます。中には、20年間赤字続きであった会社が、黒字化したこともあります。バラバラだった組織が1つにまとまって、全員が笑顔で仕事に取り組めるようになったところもあります。

本書は、経営革新を目指す経営者の方に向けて書いています。顔を見ることはできませんが、目の前にいるみなさんにお話をするつもりで文章を綴っていきます。支援先の事例を元に成功のポイントを抽出しました。後は、あなたの会社の状況に合わせて、ポイントを組み合わせていきます。

そのためには、事例を数多く知るだけではなく、適切な考え方を身につける必要があります。

世の中には、多くのビジネス書が出回っています。売上が増加する方法を詳細に書いてある良書もたくさんあります。その中で、筆者は、考え方に注力して本書を書きました。どんなに素晴らしいツールを揃えていても、基本的な考え方ができていないと、使いこなすことができないからです。

考え方といっても、特別な知識が必要なわけではありません。現実を直視し、本気で考えることが求められます。耳の痛い話や目を背けたくなる現状を受け入れ、解決策を模索しなければなりません。それは、とても辛い仕事です。それでも、経営者は、逃げずに立ち向かっていかなければなりません。

よく経営者は孤独だと言われますが、この辛さは体験した人にしかわかりません。筆者も一経営者として、日々様々な思いをしながら、考え続けています。本書でご紹介する会社の経営者の方々も同じ思いをされてきました。そして、道を切り開き、成功を収めています。

本書を手に取られたということは、あなたも同じ悩みを抱えているのではないでしょうか。本を読めばすべてを解決してくれると期待されていたのであれば、がっかりさせてしまうかもしれません。

本書には、魔法のツールはありません。あるのは、支援先の方々と磨き上げたエッセンスです。個々の成功体験から、共通する法則を導き出しました。この法則が、あなたの会社の経営の一助になればと思い、考え方を隠すことなく公開しています。

考える上で参考になるように、許可をいただいた範囲で、実際に起こった事例も紹介しています。その中から、あなたに合うことを選んで実行してください。

あなたは決して1人ではありません。会社の内外に仲間がいます。筆者もその1人です。これから一緒に経営革新に取り組んでいきましょう。

2016年5月

経営革新プロデューサー　菊地　亮太

人の心を動かして10倍業績を上げる法　目次

第2章　計画がなければ何も始まらない！

第3章　顧客の心を動かせ！

第4章　顧客に価値を訴求せよ！

第5章　組織を動かせ！

第1章　ブレた軸を立て直せ！

1　あなたの想いがすべての出発点です

・軸がブレていては何をしても上手くいきません

経営革新プロデューサーである筆者のところには、様々な経営に関する相談が持ち込まれます。会社によって悩みはそれぞれですが、共通していることが1点あります。それは、みなさん迷っているということです。

これまでのやり方が通用しなくなったり、新しいことに取り組んでも上手くいかなかったりするうちに、自信をなくされています。自信はなくなりつつも、何とかしなければいけないと懸命に努力されています。藁をもつかむ思いで、手当たり次第に思いついたことを実行します。それでも上手くいかず、どんどん泥沼にはまっていきます。悩みに悩んで、筆者のところに相談にいらっしゃいます。

このような状態に陥っているかどうかは、これまでの取組みをおうかがいするとすぐにわかります。

雑貨小売業を営むA社では、ブランド変更を考えていました。時代の変化とともに、売上がジリジリと下がってしまいました。円高の流れに合わせて、海外から安い商品を仕入れましたが、売上は回復しません。

次に、高級路線を狙って、商品単価を上げましたが、既存顧客が離れてしまいました。売上の減少に歯止めがかからず、赤字に転落してしまいました。そのため、自分たちのお店に魅力がないと感じて、一からお店をつくり直そうと考えて、相談にいらっしゃいました。

筆者は、お話をうかがいながら、ブランドを変更する必要はないなと考えていました。しっかりとした理念や計画に基づかずに、下手な鉄砲を撃ち続けたために、経営の軸がブレてしまっていると感じました。実際に、競合調査などを行ってみると、近隣に競合店はあるものの、ポジショニングは重複していないことがわかりました。隣の芝生ばかりを気にして、自分たちのよさが見えなくなってしまっていました。

そこで、再度、自分たちの立ち位置を見直し、自社の強みを全面的に打ち出すことにしました。商品本部を中心に、新たなコンセプトを作成しました。社員大会や営業会議でワークショップを行い、全社でコンセプトを共有しました。社長も、新たな方向性に基いて、社員に指示をするようになりました。全社のベクトルを自社を支持してくださる顧客に向けて、メッセージを発信し続けました。その結果、売上は上昇し、前年同月比１００％を超えるようになりました。そして、４年ぶりに黒字化を達成しました。

筆者が行ったことは、特別なことではありません。ブレた経営の軸を立て直しただけです。軸がしっかりとしたことで、会社に迷いがなくなりました。下手な鉄砲は、いくら撃っても当たりません。狙いすました一撃が、今日では有効です。明確な意思を持ち、それを実現させるという覚悟と行動力がなければ、混沌とした時代を生き抜くことはできません。

これから中小企業が生まれ変わるポイントについて、お話していきます。事例は、すべて筆者が支援させていただいた会社です。ただし、社名や状況などは、適宜編集させていただいております。

生まれ変われる中小企業は、特別な資質を持っていたわけではありません。みなさん、本気になって、攻めの体制を整え、不屈の精神で実行したからこそ、結果を残すことができました。

【図表１　経営革新の３つの柱】

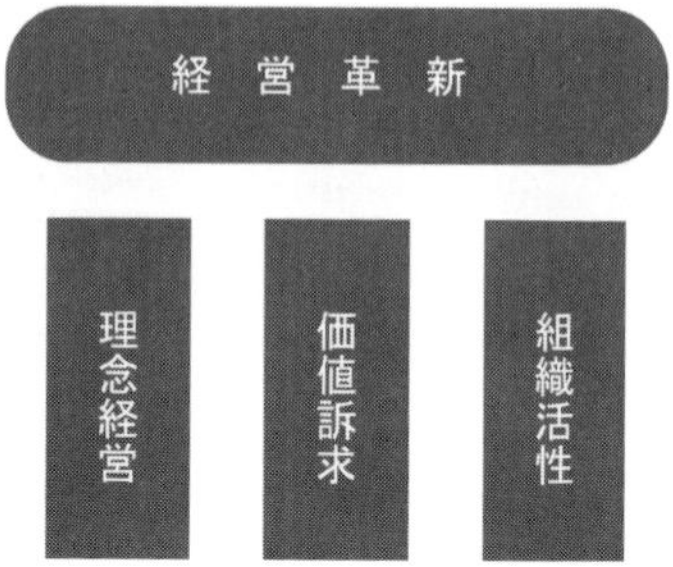

経営革新には、３つの柱があります。それは、図表1のように「理念経営」「価値訴求」「組織活性」です。本章では、「理念経営」の基本である経営理念や経営方針についてお話していきます。

・経営理念はありますか

筆者の支援スタイルは、支援先の方と一緒になって考えていくやり方です。こちらから一方的に指示をすることはありません。そのため、初回訪問時には、経営者の方の想いや考えをじっくりとおうかがいします。お互いに価値観を共有して、信頼関係を築くことができなければ、会社を生まれ変わらせることはできません。

みなさん、最初は緊張されていますが、事業に対する想いは誰にも負けません。こちらが話を引き出していくと、どんどん饒舌になっていきます。特に、創業者の方ですと、事業に対する思い入れが強くありますので、次から次へと話が進んでいきます。ある程度話が進んだところで、筆者から1つの質問をさせていただきます。

「経営理念は何ですか」

この質問をすると、水を打ったように静かになります。経営者の方の表情を見ていると、心の声が聞こえてきます。「経営理念は、昔、つくったけれども…」、「経営理念なんて、経営には関係ない」、時には、「そこに飾ってあります」と、額に収められた経営理念を指し示す方もいらっしゃいます。それでも、ご自身の言葉で経営理念を説明できる方は、ほとんどいらっしゃいません。

経営理念は、経営する上で必要でしょうか。筆者が支援させていただいた会社でも、最初は経営理念のないところが多くあります。そのような会社でも、事業は成り立っています。しかし、これから経営をよくしていくのであれば、経営理念は不可欠です。

その理由は、大きく2つあります。

1つは、会社が成長をするためには、あなたのファンを増やさなければならないからです。経営の神様と呼ばれるピーター・ドラッカーも、「事業の目的とは、顧客の創造である」と指摘しています。

この顧客とは、あなたの会社のことを評価し、商品を買ってくださる方です。詳しくは、第2章以降で取り上げますが、あなたの価値観を顧客に伝えて、その価値を感じてもらわなければなりません。

価値観を伝えるには、そもそも自社の価値観が明確になっていなければなりません。自分でもわからないものを、相手に理解してもらうのは不可能です。あなたの想いを、経営理念としてまとめあげて、価値観を他者に伝えられるようにします。その価値観を、顧客に伝える活動が、マーケティングです。

また、事業は、1人ではできません。一定以上の規模の仕事をするのであれば、仲間が必要です。仲間とは、想いを共にする同志です。カリスマ性といわれますが、優秀な経営者の側には、その人のファンである従業員が多数存在します。あなたの価値観に惚れ込んだからこそ、相手はあなたと一緒に仕事をしてくれるのです。価値観を共有する仲間を集め、体制を整える活動が、組織づくりです。

なぜ、ファンを増やすのに価値観が必要なのでしょうか。それは、あなたがファンになっている人のことを考えてみるとわかります。ファンといえば、芸能界です。芸能人の方は、見た目がよいだけではありません。しっかりと自分の考え方を持ち、それを発信し続けています。

矢沢永吉さんや中島みゆきさんが、60歳を超えてなお人を惹きつけ続けているのは、まさにその考え方や世界観が、多くの方に影響を及ぼしているからです。アイドルも同様です。ＡＫＢ48の選抜総選挙は、毎回注目を集めます。誰がセンター（1位）になったかもニュースになりますが、各メンバーのスピーチのほうが、毎回大きく取り上げられています。

自分なりの価値観を持ち、それを発信するからこそ、共感した人が熱烈なファンになっています。国民的な人気を誇る人たちは、老若男女を問わず、相手に影響力を及ぼしています。人を動かすのは、その人の想いです。本気になって、自分の想いを伝えるからこそ、相手の心に響いて、相手を動かすことができるのです。

もう1つの理由は、経営理念が判断基準となるからです。経営とは、決断の連続です。世の中の変化の激しい今日では、決断のスピードを上げていかなければ、生き残ることができません。事前に判断基準を用意しておくことで、即断即決が可能になります。自分の想いを判断基準にすれば、迷うことも後悔することもありません。

時には、違和感がありながらも、特定の選択をしなければならないこともあります。しかし、自分の想いに反することを続けていても、いつか破綻してしまいます。やりたくないという負の思いは非常に強いものです。他人を騙すことができても、自分を騙すことはできません。やりたくないことは、必ず失敗します。つまり、経営理念に反することは、やるべきではないということです。

経営理念に合致すれば、案件を進めて、合致しなければ、見送ります。このように、経営理念を判断基準として、事業を進めていきます。また、経営理念を現場まで浸透することができれば、現場で適切な判断をすることができます。

そうすることで、事業スピードを上げて、差別化を図ることもできます。このことについては、また後述します。

・経営理念をつくりましょう

経営理念の必要性は、理解していただけましたでしょうか。納得いただけたら、早速、経営理念をつくっていきましょう。

経営理念は、難しいものではありません。あなたの経営者としての想いをそのまま言葉にすればよいのです。言葉にすることに抵抗がありますか。それは、あなたの想いを表現することに抵抗があるからです。

格好よいことを言うのは恥ずかしい、自分の想いをバカにされたらたまらない―その気持ちはよくわかります。筆者も、今、こうして文章という形で筆者の想いをあなたに伝えていますが、あなたがどのように捉えてくださるか、ドキドキしています。もしかしたら、あなたの反感を買ってしまうかもしれません。何を当たり前のことを偉そうに、と思われるかもしれません。それでも、こうしてたくさんの方に想いを伝えることで、あなたに変化を起こせればと思い、文章をしたためています。

万人を幸せにすることはできませんが、筆者の考えに共感していただける方々と本質を追求し、会社を元気にし、日本を活性化していきたいと考えています。おかげさまで、筆者の想いと共感いただいた方と仕事をし、毎日充実した日々を過ごしています。

さて、筆者も相当青臭いことを言ってしまいました。今度は、あなたの番です。

あなたは、なぜ、今の事業を行っているのでしょうか。あなたの経営にかける想いは何でしょうか。それを紙に書き出してください。きれいな文にする必要はありません。思いつくままに、箇条書きで構いません。まずは、数が勝負です。ダブリなんて、気にする必要はありません。何度も出てくるということは、それだけ想いが強いということです。

どうしても、何も出てこない方は、これまでの仕事の中で、嬉しかったことや楽しかったこと、嫌だったことを書いてみてください。嬉しいことや楽しいことは、あなたの価値観に合致していることです。反対に、嫌だったことは、あなたの価値観に合わないことです。価値観に合わないことがわかれば、何が合うのかも裏返しで見えてきます。そうした事例を集めて眺めてみると、共通項が見つかるはずです。その共通項を抽出していくと、あなたの想いに気がつきます。

それでも何も出てこない方は、大いに反省をしてください。何も考えずに、ただ漠然と日々を過ごしていても、経営はよくなりません。言われたことや与えられたことをこなすのは、ただの作業です。作業しかできない人に、経営者は務まりません。自分の想いを、ビジネスを通して実現させるという強い意志が、経営者には必要です。

少しきついことを言いましたが、本当に何も考えずに経営をされている方はいらっしゃいません。何も出てこないという方は、相当口下手な方です。そのような方は、他の方と一緒に経営理念を作成することをおすすめします。相手の意見につられて、自分の意見が引き出されることもあります。相手の意見に対して、何らかの感情や意見を持ったら、それをゆっくりと膨らませてください。相手は、誰でも構いません。一緒に仕事をする会社の仲間と話すのが一番かもしれません。交流会などで知り合った、他の経営者の方との話合いも刺激的かもしれません。
どうしても相手が見つからなかったら、筆者のような第三者の専門家を活用するという方法もあります。ただし、専門家が経営理念をつくることはできません。あなたの想いを引き出したり、まとめたりすることはできますが、自分の想いは自分で整理するしかありません。

・経営理念を読み解きましょう

せっかくつくった経営理念も、ただのお題目と化しては意味がありません。経営理念は、判断基準として活用してこそ、生きてきます。お題目にしないためには、経営理念を読み解いて、現場で使えるようにしなければなりません。もし、あなたが後継者で、すでに経営理念がある場合も同様です。

あなたらしい会社をつくる前に、先人の想いを引き継いで、しっかりと経営理念を理解する必要があります。そうしなければ、先人が築いてきた資産を有効に活用することができません。経営理念に書かれた言葉を、1つひとつ丁寧に解釈していきます。

漬物業を営むB社では、次のような経営理念を作成しました。

「伝統を受け継ぎ、顧客のニーズに応える」

この場合、伝統とは何でしょうか。昔ながらの製法でしょうか。昔ながらの原材料でしょうか。

議論の結果、昔ながらの製法を変えずに守り続けるということになりました。

この会社の漬け方は、実に2年の歳月を要します。添加物などを使用すれば、もっと短時間に効率よく漬けることも可能です。そうすれば、利益率は向上します。しかし、こだわりの味を守るために、効率性を排除して、手間のかかる製法を選ぶことにしました。

この一連のやりとりを通じて、守るべき伝統は、「製法」と「味」であることに気がつきました。自社独自の味を守ることが、何よりも差別的優位性になると判断し、味の決め手となる製法は、何があっても曲げないと決意を新たにしました。

「顧客のニーズ」というのも、あいまいな表現です。時代によって、顧客も変わりますし、ニーズも変わります。

そこで、「顧客のニーズ」には、柔軟に対応をすることにしました。常に顧客やそのニーズを確認しながら、それに応える商品を提供していきます。

例えば、これまで使われてこなかった、西洋野菜も積極的に取り入れてみることにしました。無添加のほうが望ましいですが、どうしても色が悪くなるものについては、最低限の着色料を使用することにしました。なぜなら、顧客はあまりにも色が悪いと、食欲を失ってしまうからです。

このように、経営理念もその解釈によって、判断が変わってきます。時代の流れに合わせて、守るべきところは守り、変えるべきところは変えていかなければなりません。頑固一徹は、強みにもなりますが、時代の流れに取り残されては、元も子もありません。

また、部門によっては、経営理念の読み解き方も変わってきます。

例えば、「おもてなし経営」を経営理念として掲げたとします。営業活動のおもてなしと、製品製造のおもてなしは、同じであるはずがありません。部門ごとに、役割に合わせて、経営理念を読み解いていきます。このとき、会社全体で解釈に矛盾がないようにしなければなりません。

前述の漬物屋さんの例で考えてみます。営業部は、発色をよくすることが顧客のニーズに応えると考えています。製造部は、無添加が昔ながらの製法を守ることだと考えています。このような状況では、営業部と製造部の間に対立ができて、よい製品をつくることができません。お互いに話合いをして、すり合せをする必要があります。

解決方法としては、事前に経営理念の構成要素の中で、優先順位を決めることです。「伝統を守る」ことを、「顧客のニーズに応える」ことよりも優先すると決めておけば、無添加でつくることになります。また、「伝統の製造方法」のうち、「漬ける時間と工程」だけは何があっても変えないと決めておけば、顧客のニーズに合わせて原材料を変更することも可能です。

大切なことは、1度決めた原則は変えないということです。議論の度にコロコロと原則が変わってしまうのでは、判断基準になりません。それでは、経営理念がないのと同じことです。しっかりとした芯と柔らかい構造を持つことで、強風でも折れない強さを持つことができます。

・経営理念を浸透させましょう

経営理念をお題目にしないためのもう1つのポイントは、全従業員に経営理念を浸透させることです。経営理念が経営をよくするのは、判断基準を共有しておくことで、現場で素早く適切に判断を行うことができるからです。

今日では、環境の変化もビジネスに求められるスピードも、どんどん速くなっています。このような状況で、いちいち上層部まで稟議を上げて、意思決定をしていたのでは、時代に取り残されてしまいます。権限委譲を行い、現場レベルまで責任権限を下ろし、現場力を高めなければなりません。

与えられた権限の範囲内で、経営理念に基づき判断を行えば、取り返しのつかないようなことは起こりません。むしろ、正しい判断基準を持たずに、現場が自己の保身や利益のために勝手に行動をし始めると、大きな損失につながります。

経営理念を徹底していることで有名なのが、東京ディズニーリゾートです。オリエンタルランド社のホームページでは、ディズニーテーマパークの行動規範として、「SCSE」を掲げています。

「SCSE」は、Safety（安全）、Courtesy（礼儀正しさ）、Show（ショー）、Efficiency（効率）の頭文字を取ったもので、全キャストにとって、ゲストに最高のおもてなしを提供するための判断や行動のよりどころとなっています。

「SCSE」は、その並びがそのまま優先順位を表しています（同社HPより転載）。東京ディズニーリゾートでは、安全を優先するエピソードがたくさんあります。

例えば、清掃するキャストは、必ず立った状態で清掃を行います。これは、屈んでしまうと、他のことに気を取られているゲストが、つまずいて怪我をしてしまう可能性があるからです。屈んだほうが清掃の効率はよいですが、それよりも安全を優先しています。

経営理念を掲げていながら、それを守れていない会社もあります。あるファーストフード店は、理念の中に「清潔」をあげています。飲食店としては、守るべき当然のことです。

しかし、最近では、利益を確保するために、従業員の数を最低限にしているようです。そのため、店内の清掃まで手が回らずに、テーブルや椅子が汚れていることがあります。これでは、安心して食事をすることができません。

この会社は、積極的に様々なことを仕掛ける会社ではありますが、時としてその理念を忘れてしまうことがあるようです。守るべき理念を忘れて、業績だけ追いかけても、利益はなかなか上がりません。利益を生み出す体制を整えて、仕組みを回してはじめて利益はついてきます。

・経営理念と行動規範は分けましょう

経営理念を作成するときに、どのようなことを盛り込むのかを議論していると、しばしば「お客様に礼儀正しく対応する」といった内容が出てきます。筆者は、このような内容は、行動規範として別に定めるようにすすめています。

経営理念とは、事業を行う上での価値観です。もちろん、礼儀正しいことは大切なことです。しかし、それは理念を達成するために必要な行動であると考えています。そこで、会社として従業員の方に望む行動は、行動規範として別にしておいたほうがわかりやすくなります。

先の東京ディズニーリゾートでも、キャスト（従業員）の方に示されているのは、行動規範とその元となる考え方です。有名なリッツカールトンのクレドは、経営理念と行動規範がセットになっています。

経営理念と行動規範は別のものですが、切っても切り離せないものです。理念があるからこそ、正しい行動が行えます。また、正しい行動を行うことで、理念を達成することができます。どちらが重要ということではなく、表裏一体と考えるべきです。

一般的には、行動規範を示したほうが、従業員は行動をしやすくなります。このように行動すべきということが明確だからです。一方で、なぜそのような行動を取らなければいけないのかが理解できていないと、応用が効かなくなります。従業員のレベルや状況に合わせて、使い分けることが大切です。大切なのは、会社としての価値観を共有して、全員が同じ基準で判断し、行動ができるということです。

2　何を目指してどこで勝負をするかを決めましょう

・事業を通じてあなたは何を成し遂げたいですか

経営の軸となるものには、経営理念のほかにビジョンがあります。経営理念があなたを突き動かす熱い想いであるのに対して、ビジョンはあなたの目指す夢です。

どんなに熱い想いを持っていたとしても、それが形にならなければ、社会に影響を及ぼすことはできません。筆者は、ビジネスの目的の1つは、社会に影響を及ぼして、世の中をよりよくしていくことであると考えています。ただ、世の中をよくしたいと思っているだけでは、何も変わりません。具体的に何を成し遂げるのかをイメージする必要があります。

夢を叶えたいという想いが、あなたや会社を引っ張っていきます。散歩のついでに富士山に登った人はいないといわれますが、夢や目標があるからこそ、仕事にやりがいができますし、人も会社も成長していきます。コーチングにおいては、自分の夢をリアルに想像することが大切とされています。夢を達成した状況を細部まで思い描くことで、モチベーションも上がるし、やるべきことも見えてきます。

あなたは、事業を通じて何を成し遂げたいですか。あなたの事業を通じて、世の中はどのように変わるでしょうか。夢を語ることは、何も恥ずかしいことではありません。むしろ、夢を他の人に話せば話すほど、協力者が現れます。夢のある人は、輝いています。その輝きが、人を惹きつけるのです。

大人になればなるほど、夢はなくなってしまいます。夢が叶わない経験を繰り返すうちに、夢を持つことを諦めてしまいます。しかし、思い出してください。その夢は、本当に叶えたい夢でしたか。誰かに言われて、仕方なく決めたものではありませんでしたか。

押しつけられた夢が、あなたを幸せにすることはありません。自分が心の底からワクワクすることを考えてください。自分の好きなことを通じて、他の人を幸せにすることができますか。

あなたの夢を筆者が否定することはできません。しかし、ビジネスに限れば、他の人を幸せにすることができない限り、ビジネスの成功はあり得ません。ビジョンを作成する際には、あなたの周りにいる関係者（ステークホルダー）のことを忘れないでください。みんなで幸せになることが、世の中をよくしていきます。

経営者の特権は、自分のやりたいことを自分で決めることができることです。1度きりの人生で、あなたは何を成し遂げたいですか。

・夢が決まらなければ何も動き出しません

あなたのビジョンは、決まりましたか。ビジョンが決まらないと、人を導いていくことができません。ビジョンは、会社を動かしていく方向性になります。方向性が定まらなければ、ついていく人々はどこへ行くのかわからず、不安になってしまいます。

選挙を例に考えてみたいと思います。最近の選挙では、マニフェストを掲げることも多くなってきました。有権者として、公約をしていただけるのはありがたいことです。しかし、マニフェストを読んでも、よくわからないこともあります。

確かに、その中にはよいことが書いてあります。しかし、その公約が達成されたときに、日本がどのように変わっているのかがわかりません。本来であれば、日本はどのようにあるべきで、そのためにはこのような施策が必要という説明がなければなりません。そのあるべき姿がないために、有権者として不安を覚えます。

企業活動も同じことです。毎年、様々な事業計画や目標を作成すると思います。その際、それを達成したら会社がどう変わるのか、その視点を忘れてはいけません。

筆者は、事業再生計画を作成することがよくあります。再生計画では、達成すべき目標がある程度決まっています。黒字化をして、借入金を返済しなければなりません。黒字化をしたときに、会社はどのようになっているのでしょうか。業界での位置づけはどのようになっているでしょうか。市場シェアはどのくらいを占めているのでしょうか。従業員の方々は、どのような働き方をしているのでしょうか。

地域ナンバーワンの企業になっているかもしれません。全国から問合せが殺到しているかもしれません。明確なイメージができると、進むべき方向が見えてきます。困難に出会っても、それを乗り越えれば夢が叶うとわかっていれば、みんなで力を合わせて進むことができます。夢は、方向性とともに、勇気を与えてくれます。

・経営理念もビジョンも大事です

経営理念とビジョンの役割について、お話をしてきました。同じことを、支援先の方にもお話するのですが、「経営理念とビジョンのどちらが大切ですか」と聞かれることがあります。筆者は、「経営理念とビジョン、どちらも大切です」とお答えしています。

はじめから経営理念とビジョンの両方が揃っていることは極めて稀です。筆者も、独立当初は、経営理念しかありませんでした。自分の想いや能力を活用することで、他の人をどのように幸せにできるかは、明確になっていませんでした。しかし、様々なご縁をいただき、自分にできることが明らかになる中で、自分の夢ができてきました。

現在の筆者のビジョンは、次の3点です。

●全国の攻めの経営を目指す企業から指名されるコンサルタント
●現場に入り込み、一緒に企業を変えていくコンサルタント
●相手に信頼され、感謝されるコンサルタント

ビジョンが明確になることで、自身の営業の仕方が変わりました。また、筆者の考え方に賛同いただき、共に仕事をする仲間も増えました。夢が明確になることで、自分の行動が変わりました。

印刷業を営むC社には、ビジョンはあるものの経営理念がありませんでした。自分の腕に覚えのある創業者の方で、自分の提供するサービスが人々を幸せにできると考えていました。

実際に、そのとおりで、彼の提供するサービスは、多くの人を幸せにしていました。しかし、彼1人でできることには限界があります。事業規模を大きくしようとして、何度も従業員を採用していました。しかし、誰も長続きせずに辞めてしまいました。

サービスを通じて幸せを提供するというビジョンは明確でしたが、なぜそのサービスを提供するのかが共有できていなかったため、全従業員の足並みが揃いませんでした。そのため、すべての顧客に対して、高いレベルのサービスを提供することができませんでした。業績も上がらず、悪戦苦闘する日々が続いていました。

そこで、筆者は、経営理念を作成して、全従業員に浸透させることを提案しました。同時に、販売促進のプロフェッショナルというビジョンも全従業員に徹底しました。その結果、従業員が、自分なりに創意工夫をするようになりました。社長のやり方を基本に、自分なりのやり方を試すようにしました。顧客に合ったサービスを提供できるようになり、業績も向上しました。また、従業員の定着率も上がりました。

どんなに熱い想いを持っていたとしても、それが他の人のためにならなければ、ビジネスは成り立ちません。また、夢がなければ、それ以上の成長もありません。一方、夢だけでは、組織はまとまりません。全員が同じ想いを共有して、同じ方向に進んでいくからこそ、組織は一丸となることができます。

・事業を通じて社会に貢献しましょう

どんなに素晴らしい会社であっても、1社だけで存在することはできません。利益を上げるためには、あなたの会社の商品を購入してくださる顧客が必要です。商品の原材料を提供してくださる取引先も必要です。その他、資金繰りを助けてくれる金融機関や、様々なアドバイスをくれる専門家など、多くの方々の助けを借りて会社は成り立っています。同じように、あなたの会社も他の会社に対して、何らかの役割を担っています。

企業活動は、そのまま社会活動につながります。ＣＳＲ（企業の社会的責任）という言葉もありますが、本来、会社は社会に対して一定の責任を有しています。その責任を果たさない会社は、いつか社会から必要とされなくなり、存在しなくなってしまいます。

あなたの会社が、事業を通じて社会にどのような貢献をするのかをミッションといいます。ミッションが明確になっていると、従業員のモチベーションが上がります。

レンガ積み職人の話という有名な逸話があります。３人の男が、レンガを積んでいました。それぞれに「何をしているのですか」と質問をすると、１人目は「レンガをただ積んでいる」と答え、2人目は「壁をつくるためにレンガを積んでいる」と答えます。そして、３人目は「人々を幸せにするために、信仰の対象となる教会をつくっている」と答えます。この中で最も自分の仕事に誇りを持っているのは、３人目の人です。自分の行っている仕事が、社会のためになっているとわかれば、これほど嬉しいことはありません。

最近のサラリーマンは、元気がないといわれますが、その原因の1つにミッションがなくなってしまったことがあります。

高度成長期においては、自分たちの仕事が日本経済を活気づけているという実感がありました。何もないところから、欧米に追いつけ追い越せで、どんどんと新しいものが生まれ、生活も豊かになっていきました。成果が目に見えるので、どんどんとやる気も出ました。

ところが、物が溢れ、バブルも弾けると、何が大切かがわからなくなってきました。社会全体が、次の方向性を求めてさまよっています。そうなってしまうと、自分の会社の行っていることが、社会にどのような影響を与えているのかがわからなくなってしまいます。

このような時代だからこそ、信念を持って活動する必要があります。自分たちの価値観を信じて、社会に貢献しようとする人たちがいなくなったら、日本は終わりです。価値観が多様化する時代だからこそ、様々な活動が必要になります。世の中を大きく変えることはできなくても、近くにいる大切な人は、幸せにできるかもしれません。

1つひとつの小さな活動が集まって、大きな動きになります。自分の仕事のミッションを理解して、1人ひとりが誇りを持って仕事に取り組むことで、社会も人も幸せになれると信じています。

・あなたの好きなことを事業にしましょう

仕事に対する想いや夢が固まったら、いよいよ何を事業にするのかを考えます。好きこそものの上手なれです。自分の好きなことを事業にするのが、成功への近道です。よく「何か儲かる仕事はありませんか」と聞かれますが、「あなたの好きなことをやるのが一番です」とお答えしています。

儲けの仕組みについては、第3章でご説明しますが、自分の好きでもないことを嫌々行っていても成功しません。心がブレーキをかけている状態では、何をやっても上手くいきません。全力で取り組んではじめて、物事は上手くいきます。

生活のために、既存事業をやらざるを得ないかもしれません。今すぐに既存事業を止めるわけにはいきませんが、中長期的に新しい事業を育てることは可能です。もしくは、既存事業の中から自分が好きなことを見つけて、そこに注力をしても構いません。

自社の事業領域のことを事業ドメインと言います。基本的に、事業ドメイン以外のことは行いません。筆者は、コンサルティング業を事業ドメインとしています。そのため、販売が好きでも、実際にお店を開くことはありません。たまに販売のお手伝いをすることがありますが、それはあくまでもお手伝いです。

「経営のことをよくわかっているのであれば、なぜコンサルタントは自分で会社を運営しないのか」とも聞かれます。「虚業よりも実業をすべきだ」と忠言いただくこともあります。一口にコンサルタントといっても様々な方がいらっしゃるので一概には言えませんが、筆者の場合は、考えることと、自分の考えを人に伝えることが好きだからです。

同じようなことは、教師や学者でも実行可能です。実際、教育実習に行ったり、大学院の講義を受けたりしましたが、筆者にはコンサルタントという仕事が一番しっくりときています。ビジネスという常に変化する刺激あふれる環境が、筆者には合っているようです。

好きなことであれば、いくらでもこだわることができます。食品小売業を営むD社の経営者の方は、掘出物を探してくるのが好きな方でした。いつも市場に足を運んでは、掘出物を見つけてきま

【図表２　経営ピラミッド】

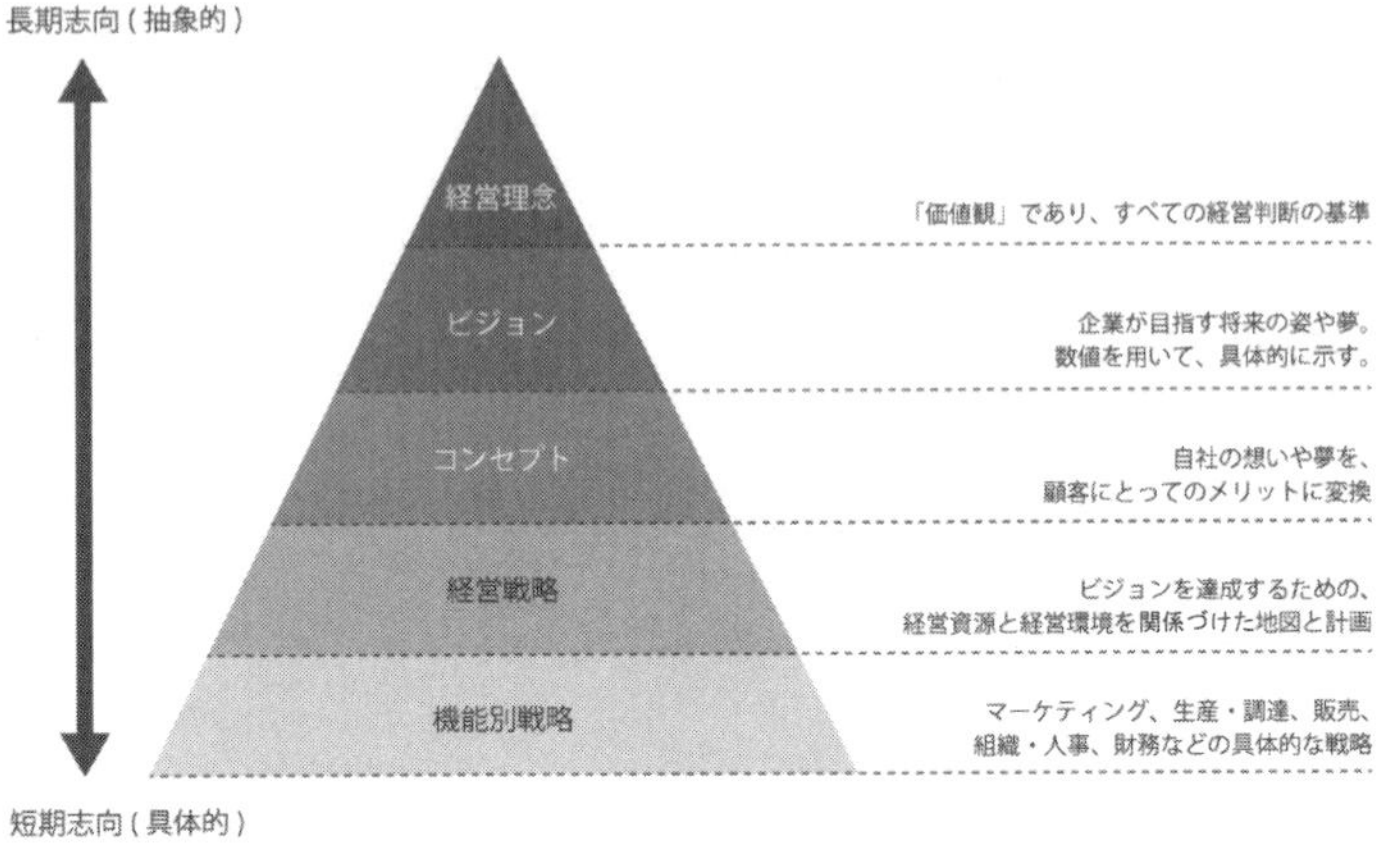
長期志向（抽象的）
経営理念
「価値観」であり、すべての経営判断の基準
ビジョン
企業が目指す将来の姿や夢。
数値を用いて、具体的に示す。
コンセプト
自社の想いや夢を、
顧客にとってのメリットに変換
経営戦略
ビジョンを達成するための、
経営資源と経営環境を関係づけた地図と計画
機能別戦略
マーケティング、生産・調達、販売、
組織・人事、財務などの具体的な戦略
短期志向（具体的）

す。そのため、お店にはいつもお買い得品や珍しいものが並んでいました。店内を回ると、「こんなものまであるの！」、「この価格でこんなに買えるの！」という驚きに満ち溢れています。結果として、お店はいつも繁盛しています。

経営者の方に、なぜそんなにも掘出物を見つけられるのかと聞いたら、見つけたときの喜びが格別だと言っていました。

大手のように大量買付けで商品を安く仕入れることはできませんが、そのときの掘出物を必要に応じて仕入れることができるのが、この会社の強みになっています。

このような柔軟性や小回りのよさが、中小企業の強みです。他の人が嫌がって行わないような非効率なことも、それが好きな人にとっては苦になりません。このように、好きなことを事業にすると、それが差別的優位性につながっていきます。

第2章　計画がなければ何も始まらない！

1　経営資源を有効活用しましょう

・ああ、人財、人材、人在、人罪

あなたの想いや夢は、明確になりましたか。はっきりとした目標ができたら、次はそれを叶える番です。経営資源を有効活用して、目標を達成していきます。経営資源は、ヒト・モノ・カネ・情報の大きく4つに分けられます。ヒトについては第5章で、モノについては第3章で改めて詳細を説明しますが、ここでは各経営資源の活用のポイントをお話します。

第1の経営資源は、人材（ヒト）です。どんなに素晴らしい計画や戦略も、それを実行するヒトがいなければ成果につながりません。特に、中小企業においては、実行力で差がつきます。大企業のように、必要な人材を必要なだけ集めるというのは、なかなか難しいものです。今いる人材を活用して、組織力を高めていかなければなりません。

「2―6―2の法則」と呼ばれるものがあります。組織は、上位2割の優秀な人員と、6割の平均的能力を持つ人員、2割の役割を果たせていない人員から構成されているというものです。

これは、一般論であって、会社によって比率は変わります。競争力のある会社ほど、上位の優秀な「人財」が揃っています。

優秀な人財というのは、成果が出せる人のことです。組織の中での役割を理解して、自ら仮説を立てて、実行できる人です。周囲を巻き込み、仲間を助け、常に新しいことに挑戦していきます。こうした「熱い人財」が増えると、組織はどんどんと活性化していきます。そのプロセスについては、第5章で後述します。

平均的な人員には、2種類います。1つは、会社の理念を理解して共に働ける「人材」です。こうした人材は、今後の成長が期待されます。今は成果が出ていなくとも、経験を積んだり、役割を与えられたりすることで、高いパフォーマンスを発揮する可能性を秘めています。彼らには、本人の貢献欲求を刺激して、新しいことに挑戦させる必要があります。そして、組織の役に立っていることを、しっかりと伝えましょう。自分が組織から必要とされていることがわかれば、モチベーションはさらに高まります。成長を見守りながら、しっかりと育てていきましょう。

もう1つは、会社の理念も理解せず、努力もしようとしない「人在」です。下位2割の人員も同様です。このような人在は、言われたことはこなしますが、それ以上のことは期待できません。毒にも薬にもならないのであればよいのですが、人在が多数派を占めると、組織の熱が下がり、停滞した組織風土になりかねません。それは、会社にとって害です。教育をして本人のやる気を促すしかありません。

最も厄介なのが、会社の方針に反する「人罪」です。これは、能力の高低とは関係ありません。会社の利益よりも自分の利益を優先するようなタイプです。このような人罪は、間違いなくあなたの会社に害を及ぼします。特に、優秀な人が人罪になってしまうと、会社にとって大きなブレーキとなります。派閥争いなど、無益な摩擦が起こって、前に進まなくなってしまいます。

そもそも、こうした人罪は、採用すべきではありません。会社の理念を理解できず、一緒に働くことができないと判断をしたら、どんなに優秀な人であっても、採用を見送るべきです。理念を曲げてまで、埋めるべきポストはありません。

ただし、最初から会社に反対をする人はそうそういません。何かがきっかけとなって、会社に敵対をするようになります。きっかけとして多いのは、自分が正当に評価されていないという思いです。この思いは、本人の勘違いということもあります。自分で勝手に組織における役割を設定していることもあります。そうすると、会社の方針とは合わなくなってしまいます。

経営者は、常に自分の想いや方向性を発信し続ける必要があります。そして、それを理解できない人とは、膝詰めで話さなければなりません。こうした努力を怠ると、人罪を生み出すことになってしまいます。

・商品やサービスにこだわりはありますか

第2の経営資源は、商品・サービス（モノ）です。商品・サービスが、あなたの会社と顧客を結びつけます。顧客は、商品やサービスを通じて、あなたの会社を判断しています。商品やサービスに満足をすれば、対価を支払います。どんなに努力をしたとしても、顧客が商品やサービスに満足しなければ、中長期的に収益を上げることはできません。商品やサービスにあなたの想いやこだわりを詰め込んで、顧客満足を獲得する必要があります。

筆者の特技の1つに、売れているお店を見抜くというのがあります。お店に入る前から、何となくわかります。お店に1歩入れば、大体わかります。お店を1周すれば、完全にわかります。

それは、お店の気を感じることができるからです。お店の気は、そこにいる人から発せられています。人には、顧客も従業員も含まれます。経営者のこだわりが商品やサービスを通じて、顧客にも伝わります。そうすると、顧客の熱も上がります。結果として、お店全体に熱や活気が生まれます。

商品やサービスにこだわりが感じられなければ、顧客も冷めてしまいます。想いは伝えなければ、意味がありません。売りたいと思うのであれば、商品やサービスに徹底的にこだわって、自分の想いを表現する必要があります。

食品製造販売業を営むE社は、東日本大震災の後、それまで仕入れていた東北の原材料を使用することができなくなってしまいました。仕方がないので、他の地域の原材料を仕入れて、渋々商品を製造し、販売を続けました。商品を変えてから、売上がみるみるうちに落ちてしまいました。経営者の方は、やはり味が変わってしまったと落胆していました。

ところが、お客様にアンケートを取ってみると、味に対する不満はありませんでした。それよりも、お店が暗くなったという意見が多数を占めました。震災の前後で変わったことは、原材料のみです。店舗が物理的に暗くなったわけではありません。経営者の悩みや商品に対する自信のなさが、商品やサービスを通じて伝わってしまったのです。

その事実を知った経営者は、今ある原材料で最高の味をつくろうと決心しました。その日から、売上は回復しました。もちろん、味が急に変わったわけではありません。経営者が、商品に対して再び熱を入れて、こだわり始めたことが、即座にお客様に伝わったのでした。

想いは、目に見えるものではありませんし、手に取ることもできません。しかし、経営を通じて、表現することは可能です。表現物の最たるものが、商品やサービスです。あなたの想いが熱ければ熱いほど、その表現で妥協しようとは思わないはずです。

商品やサービスにこだわりがないということは、経営に対する想いがないのと同じことです。あなたは、自社の商品やサービスにこだわりや愛情を持っていますか。業績が悪化してきたと感じたら、まずはこの点を確認してみてください。

・決算書を読み解きましょう

第3の経営資源は、資金（カネ）です。カネがなければ、事業を継続することはできません。資金集めが事業の目的でないとしても、重要な要素であることは否定できません。資金を生むのは、利益です。正しい経営を行い、適切な利益を得ることは、何も悪いことではありません。堂々と金儲けをすべきです。

資金とは、全身を駆け巡る血液のようなものです。事業活動を行えば、必ず資金の移動が起こります。常に流れているものなので、その状態を常に監視することは困難です。そこで、日次・週次・月次・年次で区切って、状態を確認します。

日次で行うべきものは、資金繰りの状況です。お金の出入りを確認して、現金収支の状況を把握します。先の収支も予測をしながら、対策を立てていきます。週次で確認すべきものは、売上高です。売上がなければ、利益を確保することができません。売上が計画どおりに推移しているかどうか、進捗状況を確認します。

もし、計画を下回っているのであれば、次週以降にどのようなことを行って、不足分を補うかを議論しなければなりません。管理体制が整うのであれば、粗利益額や人件費なども確認をします。どの項目を確認するかは、その会社次第です。

重要な指標をＫＰＩ（重要業績評価指標）といいます。計画作成時にＫＰＩを設定して、その値を管理するようにします。

月次で確認すべきものは、経常利益です。もちろん、経常利益を算出するためには、販売管理費や営業外収益なども集計しなければなりません。手間のかかる作業ですが、月次で進捗を確認しないということは、地図を見ないで見知らぬ土地を歩くようなものです。

税務会計では、年次決算で構いません。しかし、年次決算を締めて、はじめて大赤字であることに気がついたのでは遅すぎます。早め早めに現状を確認して、適切な改善を行っていかなければなりません。そのためには、遅くとも毎月の15日は、前月の試算表が出来上がっていなければいけません。それ以上遅くなると、改善が追いつかなくなる可能性が高くなります。

２か月前の結果を見て今後を議論するよりも、半月前の結果を見て議論を行ったほうが、よりよい議論ができることは言うまでもありません。また、部門別などに分けて決算を作成することができれば、問題点がより明らかになります。

決算書を読む際には、ただ、売上高や利益が多かった、少なかったと一喜一憂しても意味がありません。大切なのは、なぜ利益が出たのかを理解することです。慣れるまでは難しいかもしれませんが、慣れてしまえば決算書から事業活動の様子が見えてくるようになります。

例えば、費用を変動費と固定費に分けると、自社のコスト構造が見えてきます。労働分配率を見れば、働き方が適正かが見えてきます。運転資金サイト差を見れば、資金繰りの様子が見えてきます。

これらの項目の計算方法については、紙幅の関係もあり割愛いたします。インターネットで検索をすれば、詳細な説明が記載されているサイトもありますので、それらをご参照ください。

・暗黙知を形式知化しましょう

第４の経営資源とは、情報です。情報には、ノウハウやブランドが含まれます。これらは、目に見えるものではありません。目に見えないだけに、他社に模倣されにくい差別的優位性となります。

一方で、目に見えないがために、自社でも活用がしにくいという難点もあります。特に、ノウハウが暗黙知として個人に属している場合には、次のような３つの弊害を引き起こします。

1つ目は、全体最適が図れないことです。卓越した個人技を持っている人は、ワンマンプレーに走ることがあります。自分の案件を優先させるなどして、全体のスケジュールに影響を及ぼすこともあります。そうなると、組織として全体最適を実現することができません。組織全体として、最大の結果が出せるようにしなければなりません。

2つ目は、差別的優位性を失いやすいことです。個人が企業の差別的優位性となっている場合は、特に失われるリスクが大きいです。特定の個人が、何らかの理由で、その企業からいなくなった場合に、代替となる人員がいません。そうなると、企業の差別的優位性が瞬時に失われてしまいます。万が一、その人が他社に引き抜かれた場合には、あっという間に立場が逆転してしまいます。

3つ目は、組織が成長しないことです。個人の暗黙知が組織で共有されない限り、組織として成長しません。人が入れ替わる度に、同じプロセスを繰り返すことになります。先人が道つくり、後輩がその道を歩むことで、戦力となるまでの時間が短縮され、新しい挑戦をすることができます。

このような弊害を取り除くには、暗黙知を形式知化する必要があります。マニュアルの作成は、形式知化するための最も有効な方法です。

マニュアルと聞くと、コンビニエンスストアやファーストフード店のような画一的サービスを思い浮かべるかもしれません。それは、半分正解で半分間違っています。マニュアルでカバーできるのは、全体の6割程度です。誰もができなければならない、最低限のノウハウがマニュアル化されます。

それ以上のサービスや技能を発揮しようとすれば、本人の創意工夫が必要です。マニュアルにないことは、経営理念やビジョンに基づき、その場の状況に応じて現場で判断・対応しなければなりません。いかなる状況でもマニュアルどおりに行おうとすると、画一的な感動のないサービスになってしまいます。顧客に感動を与えることができなければ、ファン顧客になっていただくことはできません。マニュアルは、一定のサービスや技能を身につけるためのものであることを、正しく認識しなければなりません。

マニュアルを作成する際には、まず、目的と概要を明らかにします。作業の全体像と理由が理解できないと、人は動きません。次に、一連のプロセスを明らかにします。製造工程などはプロセスを明らかにしやすいですが、営業や接客はそのプロセスが分かりづらいものです。それは、相手の言動に応じて、こちらの対応を変えていかなければいけないからです。それでも、一定のプロセスは存在します。

例えば、営業活動であれば、顧客情報を調べる↓売り込む商品を決める↓アポイントを取る↓営業資料を作成する↓商談に臨む↓見積を取る↓受注する↓アフターフォローを行うというのが、基本的なプロセスになります。

会社によっては、商談の回数が増えたり、アポイントの取り方が異なったりするかもしれません。それは、各社の状況に合わせて、プロセスを明らかにしていってください。

マニュアル化する際には、平均より上の人のやり方を基本とします。そうすることで、全体のレベルの底上げが図れます。プロセスが明らかになったら、各プロセスでのポイントをまとめていきます。ポイントが思いつかないときは、成功事例を元に考えてみます。どのようなときにうまくいくのかを考えていくと、成功のポイントが見えてきます。

できあがったマニュアルは、全員が見られる状態にして、随時更新できるようにします。マニュアルとは、成功事例のエッセンスです。新たな成功事例ができれば、それに基づいてどんどんマニュアルも改定していきます。そうすることで、マニュアルが陳腐化することを防ぐことができます。

2　想いや夢を経営計画に落とし込みましょう

・経営計画を作成していますか

経営理念やビジョンによって経営の目指すべき方向性が明らかになると、経営課題が見えてきます。課題がわかれば、それを解決するための計画が作成できます。計画を作成すれば、やるべきことが明確になります。経営計画を作成する目的は、２つあります。

１つは、経営の羅針盤とするためです。経営の方向性が明らかになっているだけでは、途中で道に迷ってしまう可能性があります。細かいルートも調べず、カーナビも持たずに、東京から札幌までドライブするようなものです。北に行けばよいということはわかりますが、どの道をどのように行けばよいのかはわかりません。途中で渋滞に巻き込まれるかもしれませんし、道を間違えて関西方面に進んでしまうかもしれません。

自分の立ち位置を確認し、方向修正を行うには、羅針盤が必要です。ＰＤＣＡサイクルが回らない原因はいくつかありますが、そもそも計画がないことが多々あります。出発点となる計画がないのであれば、ＰＤＣＡサイクルが回らず、何をしてもよくならないということになりかねません。

もう1つは、シミュレーションを行うということです。特に、将来の損益計算書を考えるということは、経営資源の配分を考えるということです。

計画達成のために設備投資をすれば、減価償却費が増えます。人を雇えば、人件費が増えます。経営資源を投入することで、利益がどのように変わるのかを確認できます。反対に、必要な利益を生み出すために、どの程度経営資源を投入できるかということもわかります。

売上高を増やす計画は、作成していて楽しいものです。経営者の方の夢もどんどんと膨らんでいきます。そのようなとき、筆者は、それだけの売上を今の営業人員だけで回すことができるかを確認します。売上を単価と数量に分けて考えると、1人当たりいくら販売しなければいけないかがわかります。

その結果、人手が足りないとなれば、営業人員を増員しなければなりません。そうすると、販売管理費が増えますので利益が減ります。減った利益を補うために、さらに売上を増やす。このようなシミュレーションをしていると、営業人員１人当たりの必要売上高も見えてきます。また、どうしてもその売上高を達成するのは不可能だということがわかることもあります。

シミュレーションを繰り返すことで、課題はより具体的になります。課題が具体的になればなるほど、解決策も見つかります。

・２種類の経営計画がありますか

経営計画には、２種類あります。数値計画と行動計画です。数値計画とは、売上高や利益など定量的に表すことができるものです。行動計画は、アクションプランとも呼ばれ、目標達成のために何をするか、定性的な内容になります。

計画は、十分に具体的でなければなりません。具体的でない計画は、実効性を伴わないため、絵に描いた餅となってしまい、役に立ちません。具体的にといわれて、修飾語を増やしたり、やたらと情報を詰め込んだりすると、かえってわかりづらくなってしまいます。計画における具体的とは、次の３点を指します。

１つ目は、数値で表されていることです。売上を拡大させるというだけでは、具体的とはいえません。前年比で１２０％を達成させるというように、数字で表す必要があります。

さらにいえば、増加率とともに、いくら増加するのかを額でも表しておくと、より具体的になります。率は、感覚的に捉えるには適していますが、漠然としたイメージになってしまい、具体性を

【図表３　計画（目標）体系図】

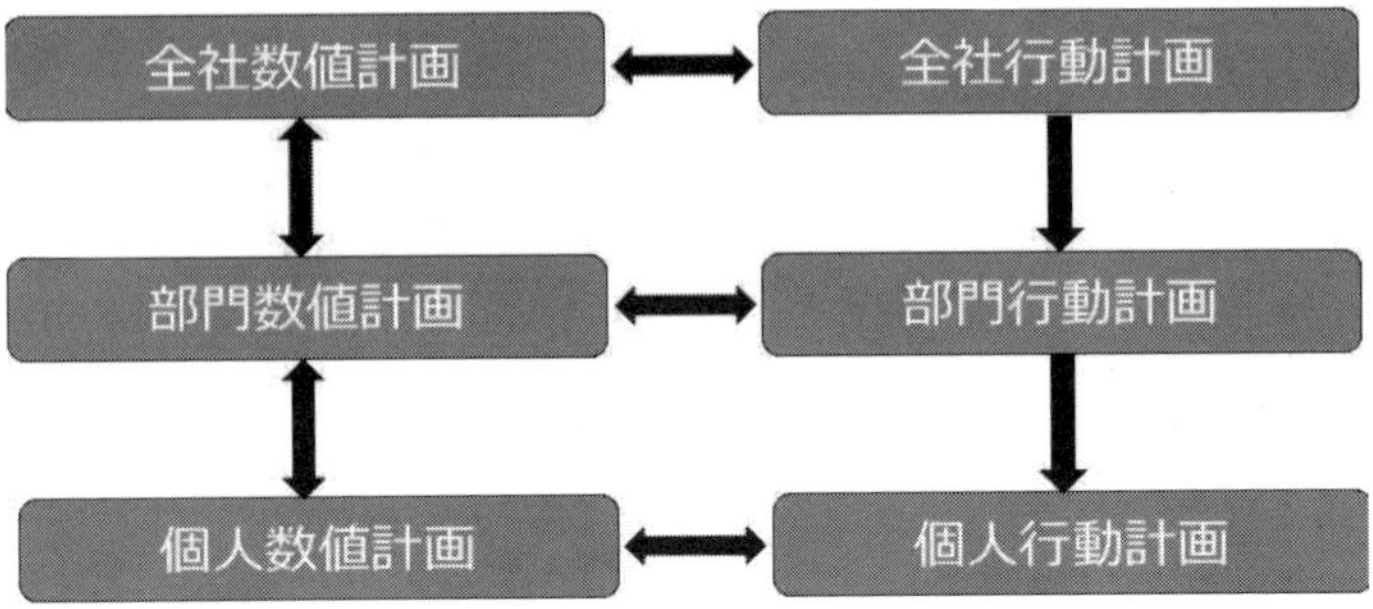

欠くことがあります。例えば、「問合せを増やす」という書き方ではなく、「目標の問合せ件数は１５０件で、前月比１５０％である」といった書き方にします。

２つ目は、すぐに行動に移せるくらい詳細に書かれていることです。新規顧客を開拓するというのは、具体的ではありません。ターゲットを絞ったり、開拓方法を記載したりする必要があります。

例えば、「医療業界に対して展示会営業を中心に新規開拓を行う」という書き方にしなければなりません。このように書けば、医療業界向けの展示会を探すなど、すぐに行動に移すことができます。

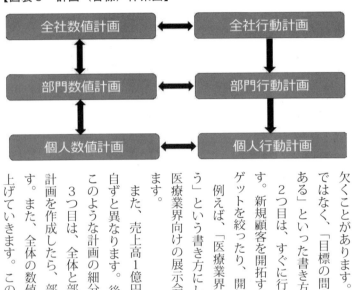

また、売上高1億円達成と、新規顧客10件獲得では、動き方が自ずと異なります。後者のほうが、何をすべきかより明確です。このような計画の細分化の詳細は、後述いたします。

３つ目は、全体と部分の両方が記載されていることです。全体計画を作成したら、部門別、個人別までそれぞれ計画を作成します。また、全体の数値計画をつくる際には、各部門の計画を積み上げていきます。このように、全体と部分の両方が揃っていることが必要です。詳細は、後述いたします。

・課題とは理想と現実のギャップです

課題とは、理想と現実のギャップです。自社の進むべき方向性と現状が定まると、自ずと課題が見えてきます。

経営に関する書籍などで、SWOT分析を行って経営課題を抽出するとありますが、これには注意が必要です。進むべき方向によって、同じ事象がプラスにもマイナスにも働くからです。

例えば、スーパーマーケットを営むF社は、商品の棚が低く、商品がたくさん陳列できないことが弱みでした。それは、背の低い顧客でも手が届きやすく、買いやすいということでもあります。大量販売による薄利多売を目指すのであれば、これは弱みになります。しかし、高齢者向けの高付加価値店舗を目指すのであれば、これは強みになります。このように、目指すべき方向が決まったら、再度現状を見直すことが必要です。弱みも見方次第で、強みに変わります。

経営課題を探していくと、山のように見つかることがあります。真面目な会社であればあるほど、あれもこれもと課題が出てきます。それらに1度に取り組むことはできません。優先順位をつけて、重要課題に経営資源を集中すべきです。

複数の課題がからみ合って複雑に見える問題も、紐解いていくと、根本課題は1つになります。この根本課題の解決が、最重要事項です。この根本課題に辿り着くためには、各課題の関係を理解する必要があります。関係が見えてくると、根本課題も見えてきます。

関係には、見えるものと見えにくいものがあります。例えば、製造工程におけるボトルネック工程などは、見える関係です。各工程の流れやつながりを追っていくと、おかしなところが見えてきます。各工程単独で見ている状態で問題がなくても、関係の中で見ると問題になっている工程があります。そこがわかれば、解決の方法は見つかります。

一方、人間関係などは、見えにくい関係です。お互いの利害関係の他に、個人の嗜好の問題も絡んできます。個人的な恨みや妬みもあるかもしれません。このような関係を紐解くためには、腹を割って本音で話す場が必要です。じっくりと話を聞きながら、関係を探っていくしかありません。表面的な問題にとらわれず、「なぜ」を繰り返して深堀りしていくと、関係が見えて、根本課題に辿り着くことができます。

根本課題が除去できると、全体の8割ほどの課題が解決に向かいます。それくらい、根本課題というのは、重要なものです。また、それほど大きな問題でもあります。除去するためには、時間や労力がかかります。全経営資源を集中しなければ、解決できません。

根本課題のほかにも、課題はたくさんあります。顧客のためになりそうなものや、すぐに実行できそうなものもあります。その中でも、本当に「やらなければいけないこと」に集中をします。「やったほうがよいこと」は切り捨てて構いません。

例えば、小売業において陳列商品を正面に向けて揃えることは必須項目です。整然と並んだ売場は迫力があり、購買率を高めます。しかし、自動販売機の商品補充で正面を揃えることの場合は、どうでしょうか。手にしたときに商品が正面を向いていたら、お客様は気持ちがよいです。しかし、それによってもう1本追加で買うということはありませんし、商品が正面を向いていないからといって次回から他の自動販売機で買うということもありません。

経営目標の解決に直結するものが、「やらなければいけないこと」です。当人のこだわりは、「やったほうがよいこと」になりがちなので、注意が必要です。

・現状分析を行いましょう

経営課題の抽出には、現状分析が不可欠です。筆者も支援先の経営計画書を作成するときには、事業調査を行って、現状分析をします。

計画作成よりも、現状分析のほうが時間がかかります。なぜならば、現状分析を行うことで、会社の進むべき方向性が見えてくるからです。現状がわかって、進むべき方向性が決まれば、課題が見えてきます。課題が見えれば、解決策も見えてきます。それらに優先順位をつけていけば、経営計画はできあがります。

現状分析を行う際には、定量面・定性面の両方から分析を行うことが必要です。

定量分析では、データを分析します。売上データや製造データ等の各種データを集めて分析をします。すべてのデータを見る必要はありません。ヒアリング等から仮説を立てて、問題がありそうなところに関するデータを分析していきます。そこに問題点があれば、さらに詳しいデータを調べていきます。

データを見る際には、長期的視点と短期的視点から見ます。長期的に見る場合には、トレンド（傾向）を確認します。右肩上がりなのか右肩下がりなのかで、取るべき対応は異なります。

また、変化の度合いによって、対応策の緊急度が変わります。急激に悪化しているのであれば、早急に手を打たなければなりません。細かい数値の上下を見るのではなく、全体的な傾きに注目します。

短期的に見る際には、異常値に注目します。例えば、ある指標の平均的な水準が50％だったとします。49・5％や51・0％であれば、さほど心配はいりません。問題になるのは、35・9％や62・8％のときです。

結果がよかったにしろ、悪かったにしろ、このような異常値には、何らかの原因があります。その原因を突き止めて、対応をしなければなりません。ただ、数字を眺めるだけでなく、実際に自分の手を動かして分析をすることで、このような傾向や異常値に気づきやすくなります。

定性分析では、ヒアリングを行います。答えは現場にあるとよくいわれます。その現場を一番知っているのは、現場で働く人たちです。現場の声を聞くことで、現状が見えてきます。

従業員ヒアリングを行う際には、リラックスした雰囲気で行うことが大切です。特に、中小企業では、経営者は絶対的存在です。従業員は、何か悪いことを言ったら首を切られるのではないかと戦々恐々としているものです。ヒアリング前に、経営をよくするために率直な意見を聞かせてもらいたいという主旨をきちんと説明する必要があります。

また、その場で相手の意見を遮ってはいけません。優秀な経営者ほど頭の回転も早いので、ついつい答えを言ってしまいがちです。それでは、相手の本音は引き出せません。しっかりと傾聴をして、相手の本音を引き出すことに集中します。

さらに、全部門から平等に意見を募ることも大切です。部門間の対立は、よくあることです。売上不振を巡って、営業部は商品が悪いと言い、製造部は販売方法が悪いと言います。どちらが正しいかは、双方の意見を聞いた上で、客観的に判断しなければなりません。経営者といえども、会社のすべての業務に通じていることは少ないです。自身の出身部門に肩入れしてしまいがちです。主観や思込みを捨てて、冷静に判断をすることが必要です。

加えて、繰り返し主張されることにも、注意が必要です。筆者の経験上、繰り返し強調されることの裏に、問題があることが多いです。

例えば、食品製造業のG社では、原材料の値上がりから、粗利益率が低下していました。社内の誰もが、価格転嫁できない営業力に問題があると主張していました。営業部でさえも、自嘲気味に話していました。

しかし、データをよく見てみると、大量の廃棄ロスが発生し、それが利益率を低下させていることがわかりました。営業だけでなく、製造にも問題があったのです。このように誰もが主張するというときには、視野が狭くなり、他の問題が見えていないことがあります。経営は多数決ではありません。声の大きさや多さに惑わされないようにしなければなりません。

・数値計画を落とし込みましょう

このようにして作成した経営計画も、実行されなければ意味がありません。計画は、実行するために作成するものです。計画を実行するためには、現場レベルまで計画を落とし込む必要があります。全社計画は部門計画に、部門計画は個人計画に落とし込みます。個人の計画にまで落とし込んで初めて、本人の目標として現場で実感されます。現場が自分たちの目標であると認識することができなければ、会社は同じ方向を向いて動き出しません。

例えば、全社で売上高200億円達成するとします。まずは、各事業部（営業部）がいくら達成するかに分解します。ここでは、A事業部は90億円とします。そうすると、1月当たりでは7・5億円となります。

これを、各商品や取引先ごとに割り振ります。B商品で1億円達成しなければならないとなると、各取引先にいくら販売しなければいけないかが見えてきます。C社に3，000万円というところまで落とし込めると、C社の担当者は具体的な営業戦略が見えてくるはずです。

毎月3，000万円の売上高を達成するためにしなければいけないことが、行動計画になります。このように計画を落とし込んでいくことで、やるべきことが明確になります。

中には、数値計画を落とし込むことができない会社もあります。落とし込みができない理由は、2つあります。

1つは、考えの詰めが甘いことです。何となくこれくらいというのでは、数字に落とし込むことができません。売上であれば、顧客ごとや商品ごとに1つずつ検討しなければ、数字で表すことはできません。

もう1つは、数字に表してしまうと、逃げることができないことです。目標と比較したら、実績がよかったのか悪かったのは、一目瞭然です。特に、未達の場合は、それがはっきりと現れます。失敗したくないという思いが強いと、明確に数字で表すことに抵抗します。

どちらも、計画を必ず達成しようとする意識に欠けた逃げの態度です。はじめから目標に向き合わず逃げていたのでは、目標を達成することなどできません。計画作成の段階から、実行の本気度は試されています。

・行動計画を作成しましょう

計画をつくる上で、数値計画と行動計画（アクションプラン）はワンセットです。

数値計画は、どんな値でも設定することが可能です。しかし、それは、根拠のある数字でなければなりません。売上計画であれば、どの商品をどの顧客にどのように売り込むことで、その数字が達成するのかを説明できる必要があります。

数値計画を達成するために行うべきことが、行動計画になります。行動の結果が、数字として現れなければなりません。行動計画の最上位にあるものは、経営理念や行動規範、ビジョンです。これらに反する行動計画は認められません。数値計画同様、行動計画も具体的である必要があります。すなわち、誰が・何を・いつまでに行うのかを明確にします。

計画未達に終わる原因は、責任の所在が曖昧になることと、締切りが設定されていないことです。誰が、いつまでにやるのかを定めていない計画は、計画とは呼べません。

責任者を任命することで、本人の自覚を促します。覚悟のないところに、成功はありません。責任の所在を明確にすることで、やらなければというプレッシャーがその人にかかります。そのプレッシャーを上手く活用することで、腹が据わり、覚悟を決めることができます。

責任者には、同時に権限も与えます。権限委譲とは、どこまで経営資源を使用できるかを決めることです。権限を決めておかずに責任だけ押しつけることは、武器も持たずに戦場へ放り込むようなものです。これでは、どんな優秀な人でも失敗してしまいます。

従業員に権限を委譲すると、何をしでかすかわからないという経営者もいます。これは、自分の組織統率力のなさを示しているものです。細かく指示をしなくとも、経営理念やビジョンが浸透していれば、組織は同じ方向に進みます。日頃から信頼関係ができていれば、つまらないことで疑念を持たずにすみます。後は、不正を発覚させる仕組みだけ設けておけば、そうそう悪いことはできません。このような組織づくりができていないから、権限を引き渡すことができないのです。

締切りを設定すると、逆算してやるべきことがわかります。逆算するためには、ゴールまでの距離と工程がわかっていなければなりません。

例えば、調査報告書をつくるのであれば、まずは構成（目次）を考えます。構成が決まらなければ、どのような調査をしなければいけないかがわかりません。また、締切りまでの時間によって、かけられる工数が決まってきます。どの作業にどれくらいの工数をかけるかは、作業量と内容の重要性によります。限られた資源（時間・人員）の中で、いかに落とし所を見つけるかがポイントです。

作業内容と工数が決まれば、スケジュールを立てることができます。このように考えていくことで、逆算による計画づくりができます。ただし、調査を進めていくうちに、新たな事実が浮かび上がって、前提が崩れるということはよくあります。その際は、現時点から再度逆算をし直します。

予実管理においては、数値計画だけでなく、行動目標の管理も必要です。結果とプロセスのどちらも大切です。やるべきことをやらなければ、数字はついてきません。

行動目標の進捗具合から、数値目標の達成度合いを予測することができます。管理者は日頃から、行動目標の進捗具合に目を配り、口を出すべきです。結果が出てから間に合わなかったでは、遅すぎます。マイクロ管理をするのではなく、進捗が遅れているようであれば、発破をかけたり、一緒に解決策を模索したりします。できない理由を追求するのではなく、どうすればできるのかを議論します。できていない点を挙げるよりも、できることを探して実行します。行動目標達成のためには、適切な動機づけと支援が必要です。

・何度でも何度でも諦めずに挑戦しましょう

苦労して作成した経営計画も、実行段階になると100％そのとおりということは、まずありません。必ずどこかで壁にぶつかります。ビジネスは、失敗の連続です。最終的な成功を収めるまでに、数多くの失敗があります。それでも諦めずに、壁にぶつかっても進み続けなければなりません。そのために必要なものは、度胸や根性ではありません。必要なのは、信念と自信です。情熱を持っていることと、根性論は別の問題です。

信念とは、自分の行っていることが正しいと信じられるということです。相手の課題解決をしたり、社会を豊かにしたりと、自分の行いに価値があると、心の底から信じることです。自分の行いに迷いがあっては、1歩踏み出すことができません。どこまであなたの熱を保ち続けることができるかが、挑戦の可否を左右します。

しかし、失敗が続くと信念にもブレが生じます。本当に自分の行っていることが正しいのか、迷いが生まれます。そのようなときに、次の1歩を踏み出すには、新たな自信が必要です。

自信は、成功によって生まれます。小さな成功を積み重ねることで、自信も積み重ねることができます。反省をする際には、悪かったことを改善すると同時に、よかった点を明確にすることも必要です。そして、どんな小さな成果でも、成果として認識して、自信へとつなげていきます。

失敗とは、カードを1枚切ったにすぎません。そのカードを切ることで、得られる情報がありま す。発明王トーマス・エジソンも、「私は、今までに、1度も失敗をしたことがない。電球が光らないという発見を、今まで2万回したのだ」と言っています。

失敗したときの情報を元に、次の仮説を考えていきます。手持ちの情報だけで、次の一手を考えられなければ、新たな情報を入手します。失敗の原因さえわかれば、対応策は見つかります。失敗を失敗として片づけてしまうのではなく、失敗を受け入れて、しっかりと消化する必要があります。

失敗は、成功するまで諦めなければ、失敗ではありません。何度失敗しても、次の手を打ち続ける必要があります。従業員が失敗したときは、失敗を責めるよりも、再挑戦を促して、次こそ成功させることが大切です。

再挑戦を促すに当たって、まずすべきことは、本人の感情の確認です。本人が悔しいと思っているのであれば、その悔しさをバネにするように援助します。諦めてしまっている場合には、状況を確認しながら、動機づけしていきます。何とも感じていない場合には、要注意です。その挑戦の持つ意味を話して、本人に納得してもらわなければなりません。目的意識もなく挑戦を繰り返しても、絶対に成功しません。

・プランダッシュも作成しましょう

信念を持って、挑戦を続けることは大切ですが、気持ちだけではどうにもならないこともあります。ビジネスは、感情だけでは成り立ちません。冷静に状況を判断する理性も必要です。

達成まであと1歩というところで、上手くいかないと非常に悔しい思いをします。逃した魚は大きいものです。悔しさはバネにすれば、次の挑戦に活かすことができますが、諦めきれずに、失敗したことにムキになってしまうこともあります。諦めないことは大切ですが、深追いは禁物です。ムキになって深追いをしているときは、周囲を冷静に見ることができません。そうすると、落とし穴があっても気がつかずに大怪我をする可能性があります。

また、相手のことまで見えなくなってしまうと、ただのわがままになってしまいます。相手のためにならない行動が、実を結ぶことはありません。

感情的になって行動するのは、よい結果をもたらしません。悔しいときこそ、冷静に状況を分析する必要があります。大きく深呼吸をして、リスタートすることが大切です。可能性のなくなった挑戦に、それ以上経営資源を投入しても無駄です。可能性のなくなった失敗は、素直に受け入れて、次の挑戦に経営資源を回します。

そのためには、挑戦するごとに、成功したか失敗したかを判断しなければなりません。客観的に判断するためには、基準が必要です。それは、成功のために残された課題が、解決可能かどうかです。経営資源には限りがありますので、それぞれの挑戦に使用可能な上限を設定しておきます。上限からそれまでに使用した経営資源を引いて、残った経営資源で解決可能かどうかを考えます。

判断をする際には、現状ベースで考えることが必要です。状況は常に変わりますので、計画段階での見立ては役に立ちません。現状を冷静に客観的に見て、判断しなければなりません。成功の可能性が残されているのならば、諦めずに挑戦を続けます。可能性がないならば、潔く撤退しなければばなりません。

「プランB」と呼ばれるものがあります。計画していたプランが上手くいかなかったときに、即座に切り替えができるように用意しておくものです。

サンクコスト（埋没費用）にとらわれて、上手くいく見込みのなくなった計画にしがみついていても、未来はありません。これ以上の計画進行が難しいと判断できたら、即座にプランBに切り替えます。

それでは、計画どおりではないものの、完全な失敗ともいえないときは、どうすればよいのでしょうか。また、事前につくっておいたプランBも上手く当てはまらない場合は、どうすればよいのでしょうか。

そのようなときは、プランダッシュを作成します。プランダッシュとは、状況に応じて計画を修正していくことです。プランダッシュを作成する際には、目的を見失わないことが大切です。変更に変更を重ねていると目的を忘れて、ただの場当たりの対応になってしまうことがあります。それでは、ただ経営資源を浪費するだけです。

最終的な成功を収めるためには、諦めない力と退く勇気の両方が必要です。両者とも、何を最終的なゴールにするかで、判断が変わってきます。

最終的なゴールまで、別な道があるのであれば、退くことも一手です。それしか道がないのであれば、歯を食いしばって進むしかありません。会社を動かす熱い想いと、状況を冷静に分析する理性を兼ね備えてこそ、計画は成功します。

「何かを成し遂げたい」という感情は、仕事の原動力になります。ビジョン（夢）を叶えるためであれば、多少の困難も苦になりません。今よりもよくなりたい、もっと皆を幸せにしたいという想いが、新たな挑戦を促します。

ただし、純粋な願いと欲は紙一重です。仏教において、欲は毒とみなされます。欲にとらわれることで、悩み苦しむようになります。そのため、欲をなくすことで、心の安定を図ることができます。しかし、少量の毒は、上手く使えば薬になります。欲も上手くつきあえば、プラスに作用します。あくまで欲は毒ですので、摂り過ぎると身を滅ぼします。

常に何か欲しいという状態では、いくらがんばっても達成感が得られません。次から次へと欲しいものが現れて、それに振り回されてしまいます。また、欲を叶えるために手段を選ばなくなると、周囲に迷惑をかけることになります。

欲にとらわれて周囲が見えない状況では、適切な判断を行うことができません。いつか身を滅ぼすことになります。冷静に自分を見つめる理性も必要です。

客観的に判断するには、データが欠かせません。主観を交えずに、データが意味することを読み解きます。また、耳の痛い忠言をする第三者もありがたい存在です。あなたが熱くなりやすいタイプであるならば、意識的に自分を映す鏡を用意しなければなりません。鏡に映った姿を見ながら、自分とじっくりと向き合うことで、冷静な理性を取り戻すことができます。

第3章　顧客の心を動かせ！

1　顧客とは何か

・あなたの想いを発信しましょう

顧客とは、あなたの会社の商品を購入して、売上や利益をもたらしてくれる人や会社です。顧客の中でも、特に重視すべきなのがファン顧客です。ファン顧客とは、あなたの会社の価値観に強く共感してくださる顧客です。ファン顧客は、売上構成比の上位を占めます。それだけではなく、あなたの会社に協力や貢献をしてくれます。

例えば、あなたの会社の商品をすすめて、新規顧客を開拓してくれることもあります。こうしたファン顧客をいかに増やすことができるかがポイントです。顧客全員をファンにする必要はありません。一部の熱狂的なファンを育てて、大切にしていきます。

それでは、あなたの会社のファンになってもらうには、どうすればよいでしょうか。それは、恋愛と同じです。相手のことを理解して、お互いに価値観を共有します。そのためには、双方向のコミュニケーションが必要です。相手のことを傾聴するだけでなく、自分の価値観も発信していかなければなりません。

どんなビジネスであっても、最終的には消費者に辿り着きます。あなたの会社の顧客は、BtoB

の取引しか行っていなくても、顧客の顧客を辿っていくと、最終消費者が存在します。顧客の利益になることをとことん突き詰めていくと、最終消費者を無視することはできません。

最終消費者は、それぞれ価値観を持っています。この価値観は、どんどんと多様化しています。そして、市場には商品が溢れかえっています。最終消費者は、多数の商品の中から自分の価値観に合った商品を選択します。

例えば、あなたがコンビニエンスストアで飲み物を買うときのことを思い出してください。冷蔵ケースには、たくさんの商品が並んでいます。その中から、あなたは何を選びますか。健康を気にしている方なら、特定保健用食品の認定を受けたお茶を選ぶかもしれません。自然派の方は、ミネラルウォーターを選ぶかもしれません。一息リフレッシュしたいときは、コーヒーや炭酸飲料を選ぶかもしれません。このように、それぞれの価値観に基づいて商品を選択しています。冷蔵ケースにたくさんの商品があっても、長時間悩むということはないのではないでしょうか。

このように消費者が独自の価値観を持つようになった今日だからこそ、売り手も価値観を発信していかなければなりません。顧客の心をつかむ商品が、売れる商品になります。世の中にある様々な商品やサービスの中には、当たり外れがあります。実際に使用して感動するほどの素晴らしい商品もあれば、怒りを覚えるような商品もあります。その中で、最も売りづらい商品は、よくも悪くもない商品なのです。

よくも悪くもないということは、特徴がないということです。また、顧客に感動を与えることはできませんが、少しがっかりさせてしまう可能性はあります。このような商品は、顧客の印象に残らず、次回からの選択肢に残ることができません。

怒りを覚えるような商品のほうが、売りづらいように思えますが、やり方次第ではこちらのほうが売れます。その商品には、顧客の感情に影響を及ぼすような特徴を持っているということです。その特徴の伝え方を変えたり、適切なターゲットを設定し直したりすることができれば、売れる可能性があります。このプロセスについては、後述します。

つくり手・売り手の想いを感じ取ることのできない商品は、市場から淘汰される時代になっています。このことは、肝に銘じておいてください。あなたの会社は、ビジネスを通じて、あなたの価値観を顧客に届けなければなりません。

・顧客にはランクがあります

ファン顧客を増やすといっても、最初からファンになってくれることは、ほとんどありません。取引を重ねる中で、少しずつファンになっていってもらいます。このプロセスを表したものに、顧客ピラミッドがあります。

顧客ピラミッドとは、顧客と自社の関係に応じて、段階的に顧客をランクづけをしたものです。上位から、ファン顧客、優良顧客、浮遊顧客、お試し顧客、潜在顧客となります。

ファン顧客とは、前述のとおり自社の価値観に共感し、自社に協力をしてくれる顧客です。お互いに価値観を共有できていることに感謝をし、今後も協力関係を維持していくことがポイントになります。

優良顧客とは、自社の価値観を理解し、目的意識を持って、利用してくれる顧客です。自社に期待していることがはっきりしているので、それにしっかりと応えていくことで、よい関係性を維持することがポイントになります。ただの取引先から、お互いに協力し合えるパートナーになることができれば、優良顧客からファン顧客へとランクアップさせることができます。

浮遊顧客とは、近くを通ったときや、セールのときなど、何かあると利用してくださる顧客です。このような顧客は見極めが必要です。大切なのは、売上よりも利益です。チェリーピッカーと呼ばれるセールしか利用しない顧客は、自社に利益をもたらしていない可能性があります。ただのモノのやり取りを脱して、自社の価値観を理解・共感してもらえるようにしなければなりません。

お試し顧客とは、セールのときなどにとりあえず利用される顧客です。新規開拓した顧客もここに分類されます。

これから関係性を強化していくことで、上位顧客へのランクアップを図ります。そのためには、接触回数を増やすことが必要です。優秀な営業員ほど、顧客への挨拶回りを行っています。接触回数が増えると、それだけで親近感が高まることがわかっています。これをザイオン効果といいます。

直接会うことができなくても、手紙やメール、ＳＮＳなどを活用することができます。特に、ＩＴは、低コストで接触回数を増やすことができます。Ｂ to Ｃのビジネスを行っている場合には、積極的に活用すべきです。

潜在顧客とは、まだ自社の商品やサービスを利用したことのない顧客です。今は接点がないだけで、今後ファン顧客になる可能性もあります。まずは、自社のことを知ってもらうところから始めます。

よく既存顧客を維持するほうが、新規顧客を開拓するよりもコストがかからないといわれます。それは、間違っていません。ただし、新規顧客開拓をしなくてよいということではありません。どんなに既存顧客の維持に努めても、ファン顧客もいつかは離反します。自社に問題があるかもしれませんし、顧客の都合かもしれません。そのときに次のファン顧客を獲得できなければ、売上や利益は減少してしまいます。

注意すべきは、次のファン顧客候補が獲得・育成できているかどうかということです。ファン顧客の構成比が高くなっている状態は、少子高齢化の人口ピラミッドと同じです。次の世代がいなければ、将来的にピラミッドは縮小していきます。現状に甘んじていてはいけません。先を見据えて、新規顧客の獲得も行っていく必要があります。顧客ピラミッドのバランスを見ながら、中長期的視点で顧客戦略を立案・実行することが大切です。

・期待価値を超えて感動を生み出しましょう

ファン顧客になってもらうには、相手の心を大きく動かす必要があります。相手のことを尊敬したり、相手に感動したりするからこそ、ファンになるのです。顧客を感動させるのは、あなたの会社が提供している価値です。

顧客があなたの会社に対して感じる価値は、「体験価値－期待価値」で表されます。体験価値とは、実際に商品やサービスを使用することで感じる価値のことです。期待価値とは、利用する前に相手が商品に対して期待している価値のことです。体験価値が自社に対して感じる価値だと思われますが、実際にはそうではありません。期待価値の分だけ差し引かれています。相手の期待を超えて、初めて相手は満足すると言われるのは、このためです。

期待価値は、体験回数に比例して増加していきます。1回目に満足したものでも、2回目に物足りなく感じるのは、1度体験したことにより期待価値が上がっているためです。期待価値は、疑似体験によっても増加されます。

例えば、東京ディズニーリゾートは、清掃が徹底していることで有名です。実際に現地に足を運んだことがなくても、テレビやインターネットなどでそのような情報を入手できます。そうすると、東京ディズニーリゾートはゴミ1つ落ちていない空間であるという期待が膨らみます。

ところが、実際に足を運んでみると、ポップコーンが落ちていることもあります。そうすると、あなたはがっかりするでしょう。帰ってから、そのことを他の人に話すかもしれません。もし、普通の公園や道端にゴミが落ちていても、それほど大した話題にはなりません。東京ディズニーリゾートでポップコーンが落ちていると話題になるのは、それだけ期待価値が高いからです。

実績が上がれば上がるほど、有名になればなるほど、期待価値は高くなります。名声にあぐらをかくことなく、たゆまぬ努力を続けていかなければ、顧客が満足する価値を提供することはできなくなってしまいます。

特に、今日では、インターネットやテレビで様々な情報が飛び込んでいます。常に刺激に晒されている状態です。そのような環境では、感覚が麻痺してきます。麻痺した心を動かして、相手を感動させようと思ったら、かなりのエネルギーが必要になります。片手間仕事では、人を感動させることはできません。

2　コンセプトをつくりましょう

・コンセプトとはビジネスの設計図です

会社の売上や利益は、顧客によってもたらされるものです。あなたが熱い想いや夢を持って事業に取り組んでいたとしても、どんなに素晴らしい商品やサービスを提供していると思っていても、それが顧客に評価されなければ、売上や利益にはつながりません。

利益とは、顧客からの評価です。そのため、あなたの想いや夢を、顧客にとって価値のある形に変換しなければなりません。その作業がコンセプトづくりです。

コンセプトは、「誰が」、「何を」、「どのように」の3点から成り立っています。詳しくは後述しますが、あなたの想いや夢を、顧客にとっての価値に変換して、それを理解してくれる顧客に、適切な形で表現をして伝える必要があります。経営理念やビジョンが経営の判断基準や方向性を示すものであるならば、コンセプトは経営の設計図です。

コンセプトをつくり、それを実行するプロセスは、家の設計図をつくり、実際に建設するのと同じプロセスです。筆者が経営をデザインすると表現するのは、そのためです。支援先の想いや夢をいかに形にするかが、筆者のミッションです。

コンセプトは、事業全体にかかわるものもあれば、個別商品にかかわるものもあります。やるべきことは、いずれの場合も同じです。このコンセプトがしっかりとしていないと、経営は上手くいきません。想いや夢だけで経営を行うのは、家を建てるときに、設計図も書かずに、思いつくままに部屋をつくっていくようなものです。これでは、すぐに家は傾いてしまいます。

起業家の約半数が、1年後には失敗をして事業を止めているといわれています。大きな志を持っていたり、長年企業勤務をして豊富な経験を持っていたりする方でも、なかなか上手くいきません。それは、スタート時のコンセプト設計が甘いからだと筆者は考えています。

実際に、筆者が支援している会社でも、コンセプト設計をせずにスタートして、すぐに失敗した事業や商品が多数あります。販売が計画どおりいかないと相談を受けるのですが、計画書を見てみると、コンセプトが設計されていないことがほとんどです。

計画書では、綿密な市場調査が行われ、自社の強みや差別的優位性が整理されています。市場の機会と自社の強みの掛け合わせなので、失敗するようには見えません。しかし、社会的に意義があったり、市場の潜在ニーズがあったりするビジネスでも、実際に対価を支払う顧客がいなければ成り立ちません。いかに顧客に対価を支払ってもらうかという視点が抜けていると、売上や利益にはつながりません。

雑貨販売業のH社では、店舗改装を計画していました。競合店が高級感あふれる店舗にしたことで、マスコミに取り上げられるようになったためです。

そこで、筆者に支援依頼が来ました。まず筆者は、店舗の現状を調査しました。その結果、店舗改装は行わないほうがよいという結論に達しました。会社の方からは、なぜですかと理由を問われました。店舗改装の支援を依頼したにもかかわらず、店舗改装をしないという返答だったので、驚かれるのも当然かと思います。

確かに、店舗は、老朽化していました。床や天井にも汚れが目立ちます。きれいにしたほうが、見映えがします。しかし、この店舗のよさは、ごちゃごちゃ感にあると判断をしました。魅力的な商品が所狭しと並んでいて、宝探しのような楽しさがあります。下手に改装をして、店舗をきれいにしてしまうと、その楽しさが失われてしまうと判断したのです。この話を専務にすると、実際にヴィレッジヴァンガードなどを参考に、店舗づくりをしているとのことでした。

この会社は、コンセプトがないのではなく、明確になっていないので、自分たちでも気がついて

【図表４　コンセプト概念図】

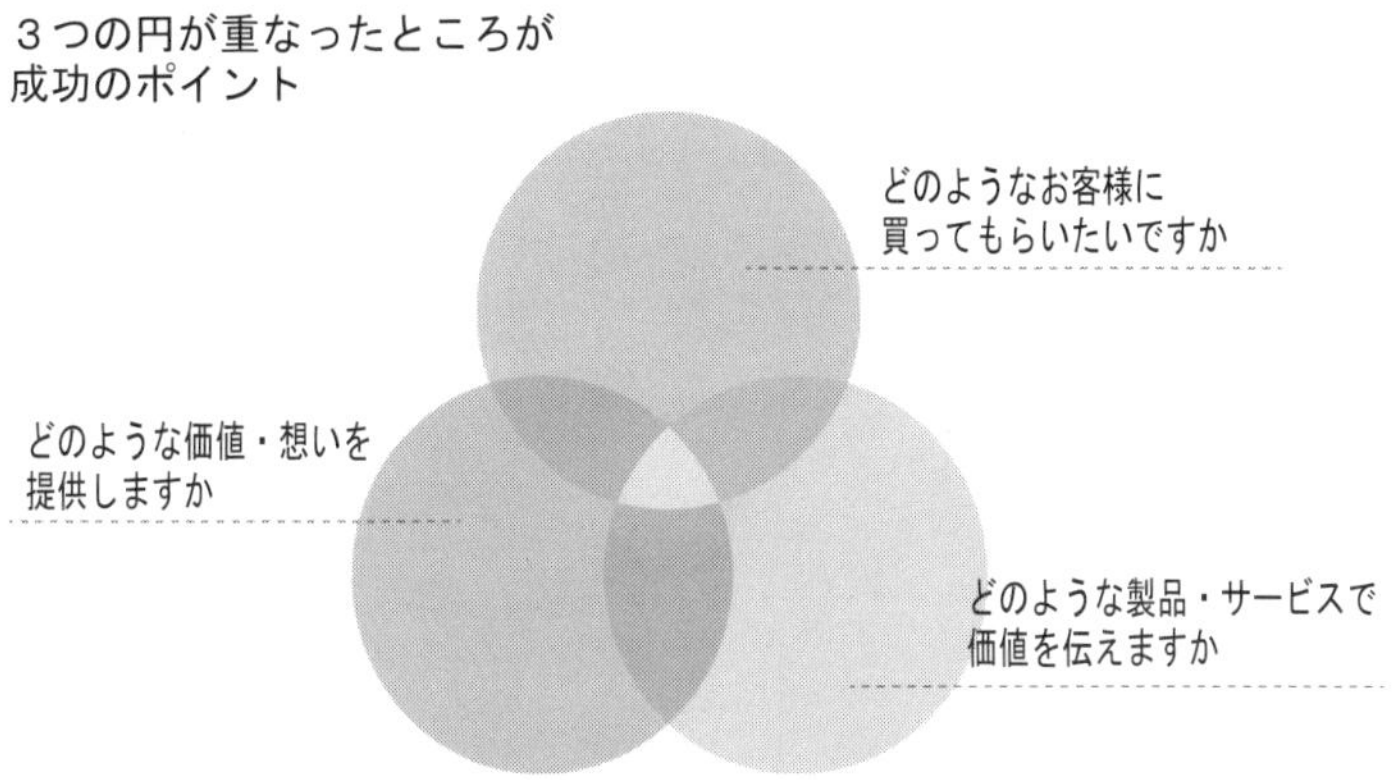
３つの円が重なったところが
成功のポイント
どのようなお客様に
買ってもらいたいですか
どのような価値・想いを
提供しますか
どのような製品・サービスで
価値を伝えますか

いない状態でした。

そこで、改めてコンセプトを再構築する支援をしました。自社の歴史を振り返り、経営理念やビジョンを確認する中で、コンセプトの核となるものが見えてきました。これまで大切にしてきたワクワク感も取り入れながら、コンセプトが決まりました。そのコンセプトを元に、商品や陳列の見直しを行いました。

その結果、面白い道具のあるお店、行くと楽しいお店として認知されるようになりました。メディアにも取り上げられる機会が増え、テレビ出演も果たしました。メディアを見た新規顧客の来店が増え、今ではお店はパンク状態になっています。売上高も前年比2桁増で推移しており、直近期は前年比１３０％を記録しました。

結果として、６年間で売上高は2倍に、経常利益は24倍にもなりました。専務は、コンセプトを作成することで、「やるべきことが明確になった」と話しています。

手当たり次第に挑戦をするのではなく、コンセプトに基づいてやるべきことを実行しています。今後も益々の発展が楽しみな会社です。

・コンセプトのつくり方

コンセプト作成とは、「誰に」、「何を」「どうやって」伝えるかを考えることです。「誰に」とは、ターゲット顧客を設定することです。「何を」とは、提供価値を決めることです。「どうやって」とは、商品の詳細や販売促進の方法を考えることです。この3点がしっかりと噛み合っていないと、商品は売れません。時間をかけてでも、コンセプトをしっかりとつくり込むことが大切です。

筆者に来る支援依頼の多くは、販売促進や商品企画に関することです。どうすれば売れるのか、どのようなパッケージにすれば売れるのか、みなさん真剣に悩まれています。それらは、コンセプトの「どうやって」に当たる部分です。

「どうやって」の部分が最も具体的なので、そこから手をつけることが多いのです。しかし、最も重要なのは、「何を」を決めることです。顧客にとって価値のある商品やサービスを生み出さなければ、顧客から評価されないからです。そのため、「何を」にあたる提供価値から考えることを、おすすめしています。

ターゲット顧客と提供価値は、相互に関係しています。どちらから先に設定しても構いません。筆者が提供価値の設定から行うのは、自分たちの想いや夢を反映させやすいからです。経営理念やビジョンに合わないことを行っても、途中で頓挫してしまいます。自分の気持ちに嘘はつけないからです。自分たちの想いや夢を提供価値に変換して、それに共感してくれるターゲット顧客を探すほうがやりやすいと考えています。

提供価値を先に設定する場合のコンセプト作成プロセスは、次のようになります。

(1) 経営理念やビジョンを確認する

コンセプトは、あくまで経営理念やビジョンを変換したものです。出発点となる経営理念やビジョンがなければ、コンセプトもブレたものになってしまいます。

(2) 自社の強みやこだわりを整理する

自社のこだわりや強みが、提供価値の元となります。ブレインストーミングを行いながら、数を多く挙げていきます。この段階では、些細なことでも構いません。むしろ、自分たちが当たり前と思っていることに価値があることもあります。

特に、職人気質の人は、できて当たり前という傾向があります。プロの当たり前は、一般消費者にとっては驚くべきことです。遠慮なく強みとして掲げてください。

(3) 自分たちの考える価値を顧客にとっての価値に置き換える

自分たちが考える強みやこだわりは、顧客にとってどのような価値があるか考えます。こだわりの技術は、性能として現れてはじめて、顧客にとっての価値になります。

このとき、仮のターゲット顧客設定が行われます。顧客像が定まっていないと、提供価値も定まりません。

【図表5　コンセプト作成のプロセス】

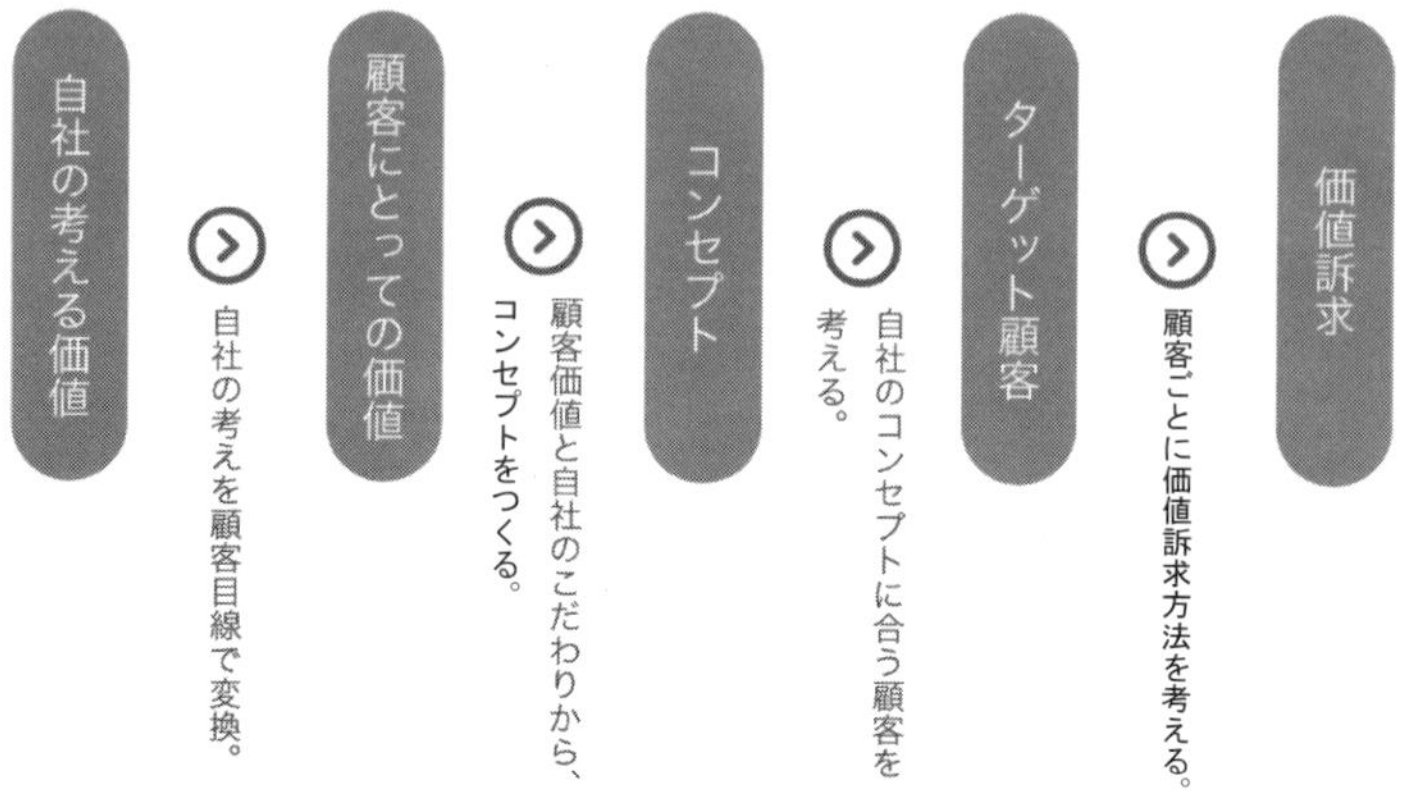
自社の考える価値
自社の考えを顧客目線で変換。
顧客にとっての価値
顧客価値と自社のこだわりから、コンセプトをつくる。
コンセプト
自社のコンセプトに合う顧客を考える。
ターゲット顧客
顧客ごとに価値訴求方法を考える。
価値訴求

(4) 買わなければいけない理由を設定する

顧客にとっての価値が明らかになったら、それらを順位づけします。どれが顧客にとって最も価値が高いかを考えていきます。価値の高い候補を絞り込むことができたら、その中から、自社の商品やサービスを買わなければいけない理由を設定します。

買わなければいけない理由がなければ、顧客はあなたの商品やサービスを購入しません。この買わなければいけない理由が、提供価値の核となります。

(5) ターゲット顧客を設定する

提供価値が決まったら、それを理解・共感してくれるターゲット顧客を考えます。販路ごとに考えても構いません。複数の提供価値がある場合には、ターゲット顧客も複数になることがあります。

このように複数のアプローチを同時に行うことを差別的マーケティングといいます。すべての顧客を十把ひとからげに扱うよりも成功確率は高くなります。

ただし、経営資源には限りがあります。複数の戦略を同時にこなす余裕がないのであれば、ターゲットを絞って、集中的に攻めるべきです。

(6)　価値訴求の方法を考える

ターゲット顧客に、どうすれば自社の価値を適切に提供できるかを考えます。マーケティングの４Pに当たります。提供価値とターゲット顧客が適切に定まっていると、やるべきことが自ずと見えてきます。迷いはなくなりますが、別の苦労が発生します。それは、妥協が許されないということです。

価値訴求を徹底しなければ、顧客に想いは届きません。細部まで徹底的にこだわって、自社の価値を表現し、顧客に伝える必要があります。

・提供価値を作成しましょう

これまで、コンセプトの概略についてお話してきました。ここからは、各項目の詳細について、お話したいと思います。

はじめは、提供価値です。提供価値は、自社の強みやこだわりではありません。顧客にとってのメリットが、提供価値になります。顧客にとってのメリットは、機能的価値と情緒的価値の２種類に分けられます。

機能的価値とは、顧客の課題を解決するような価値のことです。マーケティングの有名な逸話に、

「昨年、4分の1インチ・ドリルが100万個売れたが、これは人々が4分の1インチ・ドリルを欲したからでなく、4分の1インチの穴を欲したからだ」というものがあります。

これは、まさに機能的価値について述べているものです。顧客が欲しているのは、ドリルそのものではなく、穴を開けるという機能です。あなたの会社の商品やサービスを用いれば、顧客のどのような課題を解決できるかを考えていきます。

総合商社のI社では、新たに除菌消臭剤を取り扱うことになりました。この商品は、多くのウイルスに有効でありながら、人体には無害という商品です。そのため、用途は無限にありました。

提供価値を考える際に陥りがちな罠として、何にでも使えるというメリットがあります。戦略立案において、何でもできるというのは、何もできないということと同義です。1つひとつのメリットがぼやけてしまい、訴求力がなくなってしまいます。

そこで、様々なメリットのうち、何に特化をするか議論を重ねました。結論として、最も訴求力があるのは、インフルエンザ対策ということになりました。その頃、インフルエンザの流行がニュースで取り上げられていました。人体に無害であることから、高齢者や乳幼児がいるところでも安心して使えるということを中心に営業展開をしていきました。

しかし、成果はあまり上がりませんでした。インフルエンザ対策は、競合商品が多いことと、冬期にしか需要がないことが原因でした。どうしてもこの商品でなければならないという理由が見つかりません。さらに営業戦略会議は続きました。

あるとき、1人の営業員が、取引先が発注作業で困っていることに気がつきました。トイレ用洗剤から空間除菌剤など、様々な商品をその取引先では用いていました。取引先の担当者は、毎回各商品の在庫と使用量を確認して、発注をしていました。在庫が1箇所に固まっていないため、担当者は社内を歩き回らなければなりませんでした。

そこで、営業員は、この除菌消臭剤を何にでも使えるオールインワン商品として提案をしました。何にでも使えるということは、既存の商品を1つに置き換えられるといくことに気がついたのです。商品の各効果を別々に訴求するのではなく、すべてまとめてしまうことで、顧客の在庫管理や発注に関わる手間を削減することに成功したのです。

先ほど、何でもできるは何にもできないと同義だと言いました。それは、漠然とし過ぎていて、顧客のほうでメリットを理解しきれないからです。今回は、複数の商品を1つに置き換えることで、管理の手間を省くという顧客の課題解決に結びつけることができました。そのおかげで、管理の手間を省きたい、少人数で運営している会社から順調に受注を取ることができています。

情緒的価値とは、その商品を使用することで、顧客が満足感や幸福感を感じることができるような価値のことです。食品の多くは、情緒的価値を提供することで売れています。

誰もが1口食べればおいしいと感じる商品をつくることができれば、それはヒット商品になります。しかし、なかなかそのような商品はつくれません。また、口に運んでもらえなければ、おいしさを理解してもらえません。訴求力を高めるためには、顧客がイメージしやすい価値を提案する必要があります。情緒的価値が、しばしば提供シーンとともに訴求されるのは、このためです。

食品製造業のJ社では、創業当時からの商品のテコ入れを図っていました。味は抜群においしいのですが、時代の流れから商品を食べる機会が減ってきてしまっていました。

そこで、その濃厚な味わいを活かす価値を検討しました。商品の味わいを分析すると、芳醇な香りが特徴であることがわかりました。その特徴を活かして、香りを楽しんで、1日の疲れを癒すということを提供価値にしました。アロマのように自分をリフレッシュさせる商品として、丸の内OLをターゲットに高級食品を扱うお店にアプローチをしたことで、徐々に取扱店舗が増えています。

・提供価値が見つからないときは

提供価値の発掘は、慣れれば誰でもできるようになります。慣れるまでは、時間がかかるかもしれません。なかなかアイデアが浮かばなかったり、本当に顧客にとっての価値にならなかったりします。提供価値の作成プロセスは、自社の強みの見極めと、顧客価値への転換の2種類あります。それぞれのプロセスにコツがあります。

自社の強みは、わかるようでわからないものです。鏡を使わないと自分の姿が見えにくいのに似ています。筆者のような専門家は、経験も豊富ですし、第三者の目から客観的に見ているので、強みに気がつくことが簡単にできます。自分たちで探す場合には、次の4点に注目して行います。

⑴ なぜ顧客はあなたの会社を利用してくださるのかを考える

既存顧客がいる場合には、なぜ顧客は当社を利用してくださるのかを考えます。顧客が利用している理由がわかれば、それを横展開することが可能です。

自分たちで考えても思いつかないときには、顧客に聞いてみるという方法もあります。日頃の顧客との関係性が問われますが、すんなりと答えてもらえることがほとんどです。

(2) 競合他社と比較する

競合他社を鏡として、自分の姿を確認します。競合他社よりも優れているところはないか考えます。業界平均以上であれば、優れていると考えて構いません。

優れている点がそのまま強みになることもありますし、優れている点の秘訣が強みになることもあります。優れている点が見つかったら、その要因分析もしっかりと行ってください。

(3) 儲かる仕組みの中から差別的優位性を探す

儲かっているということは、顧客から評価をされているということです。なぜ、儲かっているのかを考えてみます。

仕入ルートに強みがあるのかもしれません。少数精鋭の部隊が秘訣かもしれません。どこで儲けているのか、なぜ儲かっているのかを考えると、差別的優位性となっている強みが見つかります。

(4) 開発経緯をたどる

なぜ、その商品を開発したのかを考えます。そうすると、自分たちのこだわりが見えてきます。特に、開発途中で苦労した点は、強みになる可能性が高いです。営業部主導で提供価値を考えると、開発経緯などはわからないことがあります。そのようなときは、製造部などに話を聞いてみます。そこから、ヒントが見つかるかもしれません。

上記のようなプロセスを経ても、まだこれといった強みが見つからない場合は、強みと強みを掛け合わせていきます。1つでは十分な強みとならないことでも、2つ、3つと掛け合わせていくと、強力な武器になることがあります。

何と何を掛け合わせるかは、センスが問われます。どこから掛け合わせてよいかわからなければ、とにかく組み合わせてみるのも一手です。悩んで頭を抱えているよりも、手を動かしてみたほうが、閃きは起こるものです。

自社の強みが見つかったものの、顧客価値に変換できないこともあります。そのようなときは、顧客の立場で考えてみます。あなたがその商品を利用したらどのように感じるか、その商品をどのように活用できるかを考えてみます。

自分たちでつくった商品であると、世界一素晴らしいと考えてしまいがちです。そのようなときは、第三者に意見を求めます。他部署の人でもよいですし、家族でも構いません。他の人にとって、メリットがあるのかを客観的に確認をします。

こだわりは、バックストーリーとして提供価値と分けるのも重要です。先ほど、開発の経緯は、強みを見つける1つの助けになると言いました。しかし、そのまま顧客価値になることはあまりありません。なぜならば、相手があなたの苦労話に対価を支払うことはまれだからです。開発に何十年もかけたということは、顧客のメリットには関係ありません。顧客は、目の前の課題を解決できればよいのです。

こうしたエピソードは、バックストーリーとして、提供価値の裏づけに使用します。バックストーリーをそのまま提供価値にしようとしても、なかなか上手くいきません。ストーリーで売るということと、苦労話を売ることは別物です。

例えば、職人技で極限まで薄くしたグラスがあります。そのグラスの価値は、薄さにあります。常識を超えた薄さに対する驚きや、薄いがゆえの口当たり、手に持った感触のよさが、顧客の購買理由です。職人の技術は、その薄さの裏づけであって、直接的な要因ではありません。

・ターゲット顧客を設定しましょう

あなたの会社の提供価値が決まったら、その価値を評価してくれる顧客を見つけなければなりません。下手な鉄砲数撃ちゃ当たると言いますが、無駄弾を撃って経営資源を浪費する必要はありません。しっかりと狙いを定めて、命中率を高めていきます。

ターゲット顧客を設定する際には、具体的なターゲット像を描きます。あなたの会社の商品はおいしいので、食べてもらえれば購入してもらえるというのは、下手な鉄砲方式です。どのような人が商品のよさを理解してくれるのかを真剣に考えます。

顧客主義といわれますが、あなたの会社の顧客のこともわからずに、顧客のためにというのは無理があります。本気で顧客と向き合うからこそ、相手のことがわかり、相手のために何かができるのです。

ターゲット顧客を具体化するためには、市場を細分化する必要があります。これをセグメンテーションといいます。細分化の方法としては、次の4つの切り口があります。

(1) 心理的変数

パーソナリティ、ライフスタイル、性格など、顧客の心理に関する項目です。BtoCの訴求をする際には、不可欠の要素になります。

なぜならば、パーソナリティやライフスタイルは、最終消費者の価値観と直結しているからです。

(2) 行動的変数

購買機会、追求便益、使用者状態、使用頻度など、顧客の行動に関する項目です。BtoBの訴求をする際には、重要な要素となります

なぜならば、行動的変数を分析していくと、顧客の課題が見えてくるからです。

(3) 人口統計的変数

年齢、性別、家族構成、所得、職業、学歴、宗教、人種、国籍、社会階層など、顧客の個人情報に関する項目です。BtoCの訴求をする際には、重要な要素になります。

なぜならば、これらの要素は、最終消費者の価値観に影響を与えるからです。また、販路を考える際に、これらの項目を考慮する必要があります。

(4)　地理的変数

地域、都市規模、人口密度、気候など、顧客の所在地域に関する項目です。販路を考える際に重要な項目となります。また、これらの項目も顧客の価値観や行動に影響を与えます。

市場細分化は、ターゲット顧客像が明確になるまで行います。複数の要素を組み合わせて、具体的なイメージをつくっていきます。

一般的には、細分化すればするほどよいといわれています。ただし、あまりにも細かくし過ぎると、市場として成り立たない可能性があります。

恋愛対象をイメージすることに置き換えるとわかりやすいです。どんどん条件を追加するほど、理想像は明確になります。

一方で、そのような理想的な存在は、どんどんと少なくなっていきます。市場細分化を行う際には、ビジネスとして成り立つかどうか、実現可能性を考慮する必要があります。また、あなたの会社でアプローチすることができない顧客像も設定しても意味がありません。

・どのターゲット顧客に訴求するかを決めましょう

ターゲット顧客の候補が決まったら、訴求方法と優先順位をつけていきます。ターゲット顧客への訴求方法としては、次の３種類があります。

(1)　差別的マーケティング

複数のターゲット顧客像に対して、異なる価値訴求を行う方法です。それぞれに適切なアプローチができれば、市場を一気に拡大することができます。

ただし、それを行うだけの経営資源が必要です。

(2) 集中的マーケティング

特定のターゲット顧客像に特化し、そこに全経営資源を集中して独自の地位を築く方法です。経営資源に限りのある中小企業が取るべき戦略です。

(3) 無差別的マーケティング

ターゲット顧客像を設定せずに、無差別に価値訴求を行う方法です。下手な鉄砲も数打ちゃ当たる方式で、おすすめできません。

この中で、最もおすすめなのが、(2)の集中的マーケティングです。経営資源を最も効果的に使うことができます。

特定のターゲット顧客像に特化していると、類似の顧客にも波及をしていきます。これをマーケティングのブラックホール効果といいます。ターゲットを絞ることで、より大きな市場を獲得することができます。

集中的マーケティングを行う際には、特定のターゲット顧客像に絞らなければなりません。複数のターゲット顧客像がある際には、優先順位をつけて、1つずつ攻めていきます。そうしないと、無差別的マーケティングと変わらなくなります。ターゲット顧客像に合わせて、少しずつ価値訴求の方法を変えていくのは、有効なやり方です。

差別的マーケティングと集中的マーケティングの違いは、同時展開するかどうかです。ターゲットを設定する際には、自社の価値に共感してくれる顧客像や、自社の経営資源を有効に活用できる顧客像を優先することが大切です。

印刷業を営むK社では、販売促進のプロを目指し、インターネットと紙媒体のクロスメディア提案を行うことにしました。新規顧客開拓が課題としている会社を、ターゲット顧客像として検討していきました。その結果、飲食店や小売店など複数の候補が挙がりました。

それまで営業部では、地域ごとに営業担当を分けていました。今回もいつもどおり、それぞれの担当地域内の飲食店や小売店をしらみつぶしに回ろうとしました。

しかし、筆者は一定期間を区切って、飲食店なら飲食店と業種を絞って集中的にアプローチすることを提案しました。なぜならば、業種によって価値訴求の方法が異なるからです。

例えば、飲食店であれば、メニュー写真をいかにきれいに撮って、おいしそうな紹介文を書けるかが１つのポイントになります。

業種を絞ることで、こうしたノウハウをチームで共有することができます。どこかで成功事例が生まれれば、それを横展開することも可能です。得意な人が他の人のフォローをすることで、チーム全体の成約率を上げることもできます。

集中的マーケティングを行うことで、毎月平均６件の新規顧客開拓に成功しました。

・差別化を図りましょう

ターゲット顧客が設定されたら、改めてあなたの会社の提供価値を見直します。見直しのポイントは、競合他社と差別化ができているかどうかです。

あなたはその分野のプロフェッショナルとして、自信を持って商品やサービスを提供しています。競合他社と比べて、様々な優れている点があると考えています。ここに、落とし穴があります。プロフェッショナルであるあなたは、細かな違いに気がつきます。それは、豊富な知識や経験を有しているからです。

しかし、顧客は、そこまでの知識や経験を持っているでしょうか。知識や経験の少ない人は、違いよりも類似性に意識が行きます。似ている要素というのは、素人にもわかりやすいものです。つまり、プロフェッショナルは違いに目が行きますが、素人は類似性に目が行くのです。

細かい差別的優位性は、顧客の目にはわからないかもしれません。素人が見てもそれとわかる特徴づけをすることが必要です。

最もわかりやすい特徴は、オンリーワンの要素です。競合にない顧客にとっての価値を持っていれば、それが差別的優位性になります。

オンリーワンの要素を考えるには、ポジショニングマップや戦略キャンバスをつくるのが効果的です。戦略キャンバスとは、W・チャン・キム博士とレネ・モボルニュ博士が、『ブルーオーシャン戦略』の中で提唱しているものです。詳細については、そちらをお読みください。どちらも商品やサービスの要素を軸にとって、比較対象商品をプロットしていきます。ポジショニングマップでは、要素が2つしか設定できませんので、この2軸の取り方がポイントになります。戦略キャンバスでは、複数の要素を同時に比較できるので、私はこちらをおすすめしています。

戦略キャンバスを作成するには、競合調査が不可欠です。孫子にもあるとおり、「彼を知り己を知れば百戦殆《あや》うからず」です。競合調査を行い、差別的優位性となり得る要素を見つけ出します。これは！　という要素が見つかればよいのですが、1つでは圧倒的な差別的優位性とならない場合もあります。そのときは、複数の要素を組み合わせて差別的優位性を生み出します。

組み合わせる方法としては、要素を「取り除く」「増やす」「減らす」「付け加える」ことが考えられます。こちらも『ブルーオーシャン戦略』の中で、アクションマトリックスとして紹介されていますので、詳細はそちらをお読みください。

アクションマトリックスのポイントは、顧客にとって本当に価値のある要素に絞るということです。自分たちの都合ではなく、顧客目線で考えなければなりません。

食品製造業を営むL社では、新商品企画に当たり、商品の競合調査を行うことにしました。想定販路であるスーパーマーケットに各自出かけて行って、自社の商品の競合となる商品を買い集めてきました。

そして、会議の場で全員で試食を行いながら、各要素を点数化していきました。官能テストとなるため、同じ商品であっても要素の点数にバラつきが出ることもありましたが、大半は全員の意見が一致していました。比較しやすくするために、全員の点数を平均して戦略キャンバスを作成していきました。

その結果、自社の商品は、甘みが際立っていることがわかりました。また、官能テストの結果から、香りが重要な要素であることもわかりました。

そこで、熱処理による香りの減少を補うために香料を用いることにしました。当初は、無添加のほうが顧客のためになると考えていたのですが、無添加であることよりも、食べたときの充実感を優先しました。そして、その充実感を「果実よりも果実らしい」と表現して、競合商品と差別化することにしました。

・それは本当にあなたのやりたいことですか

競合調査を行い、差別化を図ることは重要なことです。市場調査を行い、顧客の声を取り入れることも大切なことです。しかし、競合や顧客に目を奪われすぎると、自分を見失ってしまうものです。隣の芝生は青いといいます。相手の青さに負けないように、自分の芝生も色々と手入れします。その結果、芝生が枯れてしまうこともあります。自分の芝生も立派な青さだったかもしれません。すでに十分に成長しているところに追肥をしてしまうと、かえって芝生を痛めてしまいます。

また、顧客に合わせ過ぎると、自分たちのやりたいことができなくなることもあります。スティーブ・ジョブズの有名な言葉に、「人々はみんな、実際に〝それ〟を見るまで、〝それ〟が欲しいかなんてわからないものなんだ」とあります。顧客の声に耳を傾け過ぎると、平均的でつまらないものになっていきます。

イノベーションを起こしたいのであれば、「プロダクト・アウト」の発想が必要です。既存市場に後発として参入するのであれば、「マーケット・イン」思考が成功確率が高いです。どちらを選択するかは、あなたの会社の状況によります。

ただし、1つだけ反してはいけないことがあります。それは、あなたの想いです。その商品やサービスは、あなたが本当につくりたいものですか。あなた自身がワクワクするものですか。自分がよいと思うことができなければ、相手に訴求することはできません。考えている戦略が、経営理念やビジョンに適合しているかどうかは、常に確認をしてください。あなたの想いに反した戦略は、上手くいきません。

食品製造業のM社では、既存商品をテコ入れするために、提供価値の見直しを行っていました。商品について調べていたところ、商品の成分の中に食物繊維の1種が含まれることがわかりました。世の中は健康志向ということもあり、整腸作用を武器に女性に訴求しようと考えました。

しかし、その会社は、味にこだわり、本物を提供することを目指していました。その方向性と整腸作用は反することはないものの、がっちり合っているともいえません。

そこで、筆者から「みなさんは、日々健康食品をつくっているのですか」と問いかけをしました。全員の回答は、「ノー」でした。自分たちの商品が健康食品だと思うと、仕事にハリがなくなってしまうとの意見が出ました。みなさん、自分たちの味に誇りを持って仕事をしていたのです。

そこで、改めて、自分たちの味のよさをどのように訴求するかを議論しました。その結果、お酒のマリアージュとともに、仕事帰りのリフレッシュを演出する商品として売り込む戦略に決まりました。現在は、そのために味の改良に試行錯誤しています。

3　コンセプトを表現しましょう

・販路を考えましょう

コンセプトが固まったら、実際にそれを商品やサービスとして形にしなければなりません。実際に顧客に評価をされるのは、形になって現れたものです。

コンセプトの表現は、マーケティングの４Ｐを考えることと同じです。すなわち、商品(Product)・価格(Price)・販路(Place)・販売促進(Promotion)を詰めていきます。

この中で、まず決めるべきは、販路です。販路によって、商品形態や価格設定に差が出るからです。例えば、販路をスーパーマーケットにするのであれば、大量陳列に耐えられるパッケージにしなければなりません。一方、通信販売では、パッケージよりも中身や価格が求められることがありま す。販路によって、商習慣も変わります。販路を設定することで、商品やサービスに対する条件を決めることができます。条件が決まれば、その対応策を考えることができます。

販路を選ぶ際には、ターゲット顧客の利便性を考えなければなりません。特に、新規顧客の開拓を狙う際には、既存の販路では対応できないかもしれません。既存販路が使えないのであれば、新規販路開拓をするしかありません。新規販路開拓には、展示会出展が有効です。

展示会に出展する際には、目的を明確にすることが必要です。サンプルを配って、名刺を集めるという会社をよく見かけます。そのようなことをしていると、多数の方がブースに来場するので、1日中忙しく、あっという間に過ぎてしまいます。仕事をした満足感はあります。問題は、そこから取引きにつながっているかどうかです。サンプルの評価は確認していますか。名刺をいただいた方と商談ができていますか。

展示会出展の目的は、新規顧客候補を集めることです。名刺交換をしただけでは、新規の取引にはつながりません。サンプルを配っただけでは、顧客から確実に反応を得ることはできません。自己満足ではなく、次の商談につなげるために、やるべきことをやらなければなりません。

次の商談につなげるためには、顧客のニーズを確認しておかなければなりません。アポイントを取るためには、あなたの会社に興味を持ってもらわなければなりません。ただ、サンプルとパンフレットを渡すだけでは不十分です。コミュニケーションを取って、必要な情報を収集し、あなたの会社の提供価値を端的に伝えなければなりません。

展示会の場では、ゆっくりとコミュニケーションを取る余裕はありませんので、事前にヒアリング項目や訴求ポイントを明確にしておく必要があります。事前準備に基づいて、当日は多くの見込み客の獲得に努めます。

後日、御礼のメールを送りながら、営業リストを作成していきます。御礼のメールは早ければ早いほど効果的です。展示会で忙しく疲れるのはわかりますが、有望な見込み客には、当日にメールをするくらいが理想です。実際に、筆者も、展示会の期間中にメールをいただいて驚くとともに、優秀な営業の方だなと感心したことがあります。

・商品やサービスの細部にこだわりましょう

ターゲット顧客および販路が決まったら、それに合わせて提供価値を徹底的に表現していきます。顧客は、商品やサービスを通して、あなたの会社を評価します。あなたがどんなに熱い想いを持って経営を行っていたとしても、商品やサービスがよくなければ、顧客にその想いは伝わりません。特に、サービスは、注意が必要です。何か1つでも悪い点があると、全体を台無しにしてしまいます。サービスにおいては、100－1＝0です。

先日、食事をしたレストランは、雰囲気をとても大切にされていました。サービスも行き届いていました。気持ちよく食事をして、お会計をした際に、ちょっとがっかりしました。渡されたボールペンが、いかにも100円ボールペンという代物でした。最後の最後で、世界感を壊されてしまいました。

商品も同様です。どこかコンセプトに合わないところがあると、その点が全体をダメにしてしまいます。

提供価値とターゲット顧客が明確になっていると、商品のあるべき姿は見えてきます。商品のあるべき姿を明確にするためには、ターゲット顧客が利用するシーンを考えます。

利用シーンが思い浮かべば、自ずと商品のあり方も決まってきます。商品の企画ができたら、それを実際につくっていかなければいけません。こだわりが強ければ強いほど、実現は困難になります。

困難な壁に当たると、ついついあなたの会社の都合を優先してしまいがちになります。それでは、本当に顧客の心を動かすような商品はできません。あなたの会社の都合ではなく、顧客目線で価値のある商品をつくらなければなりません。

製造工程そのものを見直さなければいけないかもしれません。仕入を変更しなければならないかもしれません。

これまでのやり方を変えるということは、非常に大きなコストがかかります。社内から反対の声が挙がるかもしれません。人は、既存のやり方を変更することに抵抗するものです。それでも、あなたがリーダーシップを取って、商品開発を進めなければなりません。

抵抗勢力に負けないためには、相手以上の想いやエネルギーが必要です。妥協することなく、細部までコンセプトを表現してください。

・価格設定が弱気になっていませんか

価格は、商品の価値を判断する1つの基準となります。高価格に設定することで、商品そのものの価値も高く見せることができます。

この現象の有名な事例が、化粧品です。化粧品は、同じ商品であっても、価格が安くなると、効果がないと感じられてしまうそうです。化粧品の提供価値は、顧客を美しくすることです。美しさには、明確な基準はありません。原材料や成分がわかりづらい化粧品においては、どの化粧品がどの程度効果があるのかはわかりません。そうすると、価格で判断せざるを得ないということになります。高価格商品であれば、性能も高品質であろうと判断されるのです。

このように考えると、価格設定によって、自社のこだわりや自信を顧客に伝えることもできます。競合に負けない価値のある商品であれば、わざわざ価格勝負に持ち込む必要はありません。価格を下げて買ってもらおうというのは、自信のなさの表れです。

もちろん、企業努力によってコストを削減しているのであれば、それは素晴らしいことです。この価格でこの品質という驚きを顧客に提供することができます。

一方、利益を圧迫してまで安売りをする理由は、ほかに売る方法がわからないからです。商品を購入するかどうかは、顧客が感じる価値と価格のバランスで決まります。顧客に価値訴求をすることができないのであれば、価格を下げるしかありません。つまり、価格を下げるということは、価値がないということを暗に顧客に伝えることになります。

ただし、値づけを高くすればよいというものでもありません。商品には適正価格があります。特に、顧客がそれぞれの価値観を持つようになった今日では、顧客独自の価格の尺度を持っています。この尺度に見合わないと、割高と感じられてしまいます。

割高感をなくすためには、２つの方法があります。

1つは、提供価値を高めることです。競合商品と比較して、納得されるだけの価値があれば、多少価格が高くても顧客は購入します。顧客にとってわかりやすい差別化が必要です。

もう1つは、商品の所属するカテゴリーをズラすことです。価格の尺度は、商品カテゴリーごとに決まっています。

例えば、ペットボトル飲料であれば１４０円前後、ランチであれば９００円前後と、カテゴリーによって支払ってもよい価格帯があります。このカテゴリーから脱することができれば、顧客の価格の尺度は使えなくなります。１本20円のきゅうりも、浅漬にしてスティックきゅうりにすると１００円で販売することができます。野菜というカテゴリーから惣菜というカテゴリーに移動させることで、価格の尺度を脱しています。

安易な価格設定は、利益を蝕み、会社の信用を傷つけます。安かろう悪かろう、ぼったくり価格といった悪いイメージが1度でもついてしまうと、それを覆すのは大変です。

あなたの会社の提供している価値とバランスを取りながら、適切な価格設定をすることが重要です。

・販売促進とはコミュニケーションです

販売促進には、様々な方法があります。マスメディアを通じた広告やパブリシティのように、不特定多数にアプローチする方法もあります。ＤＭやメルマガのように、特定の人にアプローチをする方法もあります。ＰＯＰやノベルティのように、現場でアプローチをする方法もあります。口コミやＳＮＳのように、人を介してアプローチする方法もあります。

いずれも、成功の秘訣は、コミュニケーションとして成り立っているということです。それは、インターネットもリアルも同じです。

接客や営業といった人的販売を考えてみればわかりやすいです。一方的にあなたの会社のメリットだけ伝えて、顧客のことを何も考えないのでは、商品は売れません。それは、どの販売促進も同じです。顧客とのコミュニケーションが成り立っていて、顧客があなたの会社の価値を理解してはじめて、商品は売れます。

ＳＮＳ以外の方法では、一方通行のコミュニケーションになります。それでも、顧客のことを考えて、コミュニケーションを成り立たせなければなりません。これは、ラブレターに近いかもしれません。相手のことを思いつつ、相手の心を動かすように、自分のことを伝える。それができていない販売促進は、何をしても成功しません。

販売促進策には、ストーリーが必要です。ストーリーとは、一連の流れです。顧客のことを考えながら、購買に至るまでのプロセスを促進する仕掛けを用意します。

例えば、節分の商品として、恵方巻きがすっかり定着しました。コンビニエンスストアやスーパーマーケットでは、１月の後半から予約販売が始まっています。

筆者が見た中で、最も販売促進に力を入れていたのは、セブンイレブンでした。予約販売の時期になると、店頭に鬼の立て看板が出てきました。観光地にあるような、顔を入れて写真が撮れるようなものでした。都内では実際に撮影をしている人はいませんでしたが、もし子供が興味を持てば、そこから予約につながる可能性があります。

店内には、申込み用の小冊子が置いてありました。恵方巻きだけでなく、鰯やお蕎麦などの関連商品も掲載されていました。それぞれの商品の由来などが解説されていました。お蕎麦をなぜ食べるかなどは、そこで初めて知りました。関連商品も掲載することで、購入点数が増えるかもしれません。

このように、お店の外の人に対してアピールをして入店率を高め、店内で購買率を高める工夫をしてあります。こうした取組みは、大企業だから可能という考えもあります。しかし、ここまで販売促進物に費用をかけられなくとも、仕掛けそのものは真似をすることができます。

販売促進策は、１つ行ったら売上が何％アップするというものではありません。様々な仕掛けを組み合わせて、消費者に訴求することで、売上につながっていきます。

主な販売促進策としては、次の５点があります。

⑴　広告

主に不特定多数をターゲットとしたメディア経由の販売促進策です。情報伝達は、一方向になってしまいます。

4大メディアと呼ばれるテレビ、ラジオ、新聞、雑誌の影響力はいまだに高いです。その分、広告掲載にはそれなりの費用が必要となります。

インターネット広告は、4大メディアに比べると、費用はかかりません。それでも、高い効果を狙うのであれば、費用はかさんできます。

その他の手法としては、折込チラシ、ポスティング、ダイレクトメールなどがあります。いずれの方法も、ターゲット顧客の属性を考えて、媒体や広告内容を選定しなければなりません。

⑵ パブリシティ

各メディアを通じて商品やサービスの情報を配信する販売促進策です。⑴の広告と異なり、掲載費用はかかりません。

ただし、取材をしてもらえるかどうか、掲載をしてもらえるかどうかは、各メディアの判断になります。また、掲載内容が必ずしもあなたの会社の意図どおりになるとは限りません。メディアのほうも常にネタは探していますので、こちらから積極的に情報発信をすることが大切です。

なお、あなたの商品やサービスが記事になることで、メディアのほうにどのようなメリットがあるのかも考えなければなりません。話題性や新規性があると、取り上げられやすくなります。また、メディアのほうの企画に合うような商品やサービスも、掲載の可能性が高くなります。

⑶ セールスプロモーション

何らかのメリットを顧客や販路に提供し、製品やサービスの購買を促進させる販売促進策です。

B to Cの手法としては、販売デモンストレーション、サンプル配布、クーポン、値引、ポイントカードなどがあります。B to Bの手法としては、セールスインセンティブ、バックリベート、値引、増量、協賛などがあります。

これらの手法は、値引やおまけによって、取引を誘引するものです。最初のきっかけづくりとしては有効ですが、常態化してしまうと危険です。金の切れ目が縁の切れ目となってしまいます。きっかけをつくることに成功したら、その後の取引を通じて信頼関係を築き、あなたの会社のファンになってもらえるような取組みをしなければなりません。

(4)　口コミ

利用者個々のネットワーク上での伝達を目的とした販売促進策です。情報伝達は双方向ですが、個々のネットワークに乗った情報はコントロールが困難です。

近年では、インターネットの口コミサイトや有名人ブログでのやらせ投稿が話題になりました。親しい人からの情報であるからこそ、信頼性が高まり、影響力が強まります。その情報が、意図されたものであるとわかると、相手に騙されたという感情を抱かせてしまいます。

利用者が思わず伝えたくなるような仕掛けを用意しなければなりません。また、口コミではよい情報だけでなく、悪い情報も流れてしまいます。

特に、悪い情報は、よい情報よりも伝達力が強いです。火のないところにも煙が立つことがあります。そのようなときには、誠実な対応を行い、鎮静化させなければなりません。早め早めの対応がポイントです。

(5) 人的販売

販売員や営業員を通じた販売促進策です。通常の営業・販売活動も含まれます。当たり前と思われるかもしれませんが、顧客と双方向のコミュニケーションを行うのに、これほど有効な手法はありません。人的販売のポイントについては、第4章のコンセプトを伝える方法の中で、詳細をご説明します。

コンセプトの表現方法を考えたら、再度コンセプトに立ち返ることが必要です。議論を重ね、様々な意見を検討しているうちに、当初のコンセプトからかけ離れてしまうことがよくあります。特に、販売促進策に関しては、多様な手法があります。よかれと思って安易に採用すると、あなたの会社のコンセプトに合わずに、結果が出ないことになります。

雑貨小売業を営むN社では、コンセプトの見直しを行いました。「季節感を大切にする」ことを新たなコンセプトにしました。それに基づき、チラシの構成も見直しましたが、どうしてもそれまでの癖が抜けません。紙面には、「2割引」といった表現が目立っていました。チラシにはお得感が必要という一般論にとらわれていました。

そこで、季節イベントごとに紙面を分割して、関連商品を掲載するようにしました。価格訴求は行わず、季節感をアピールするようにしました。その結果、売上は前年の115%を記録しました。

第4章　顧客に価値を訴求せよ!

第3章では、コンセプトの表現の仕方について、ご説明しました。本章では、コンセプトの伝え方について、ご説明します。伝え方は、ＢtoＢとＢtoＣで異なりますので、分けてご説明します。

1　ＢtoＢ編

・売れる営業員の持つ力

ＢtoＢにおいては、営業員による販売活動がコンセプトを伝える最も効果的な方法です。営業員が顧客を訪問して商談を行い、あなたの会社の商品やサービスを通じて、顧客の課題を解決していきます。売れる営業員とは、顧客の課題解決ができる営業員のことです。

そのためには、信頼関係構築力、コミュニケーション能力、仮説思考力が備わってなければなりません。これらの力は、トレーニング次第で身につけることができます。その人の特質によって、得手不得手はあるかもしれません。自分にあったスタイルを身につけることが大切です。まずは、尊敬できる営業員の真似をすることから始めていきましょう。

真似をする際には、なぜそのような行動をしているのかという背景まで考える必要があります。営業はナマモノといわれます。それは、営業には顧客がいて、その顧客の反応に合わせながら、受注に結びつけていかなければならないからです。

【図表６　営業力向上のステップ】

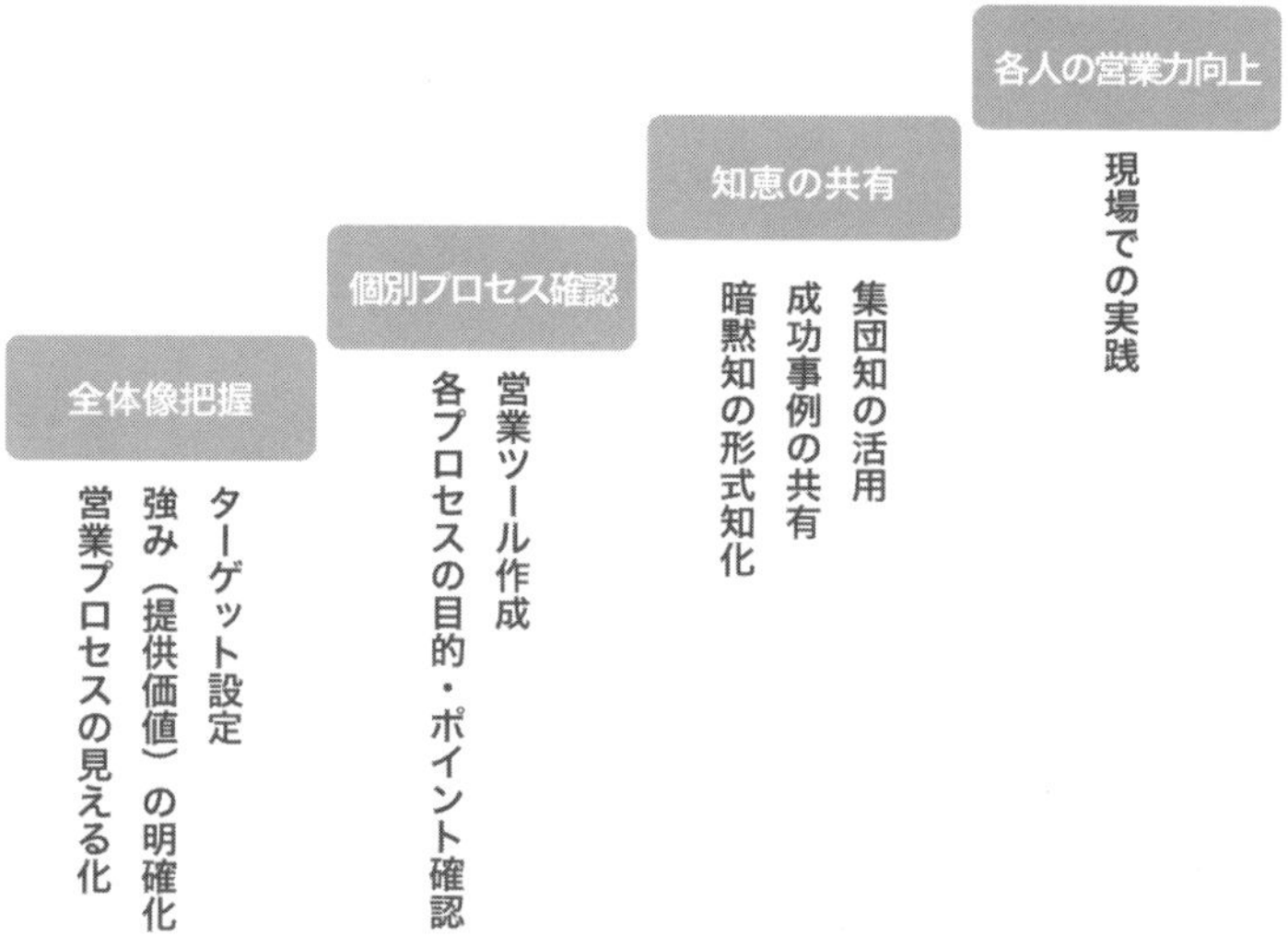

受注するためには、営業の各ステップでの目的を明確にし、顧客の心理に合わせて対応をしていく必要があります。目的や顧客の心理まで考えることで、なぜその行動を取っているのかがわかるようになります。そこまでわかれば、自分なりのスタイルで実践することが可能になります。

各プロセスにおいて、目的、顧客の心理、取るべき行動をまとめていくと、オリジナルの営業マニュアルが完成します。各自のマニュアルをまとめていけば、組織としての営業マニュアルができあがります。営業マニュアルを用意しておくことで、誰もが一定の成果を出すことができます。チームとして営業力を高めていくことが大切です。ナマモノの営業を直接教えることはできなくても、マニュアルを活用して基礎を身につけさせることは可能です。

売れる営業員ほど、自分のノウハウを公開しています。それは、ノウハウを公開してもなくならないことや、マニュアル化できるノウハウには限界があることをわかっているからです。

むしろ、ノウハウを公開すれば、他の人がブラッシュアップしてくれるかもしれません。他の人に教えることで、自分の能力をさらに高めることも可能です。情けは人のためならずです。

・信頼関係を築きましょう

ビジネスにおいて、信頼関係は不可欠です。信頼関係がなければ、コミュニケーションを取ることも、お互いに協力することもできません。顧客の課題を解決したいと思うならば、まずは信頼関係を築かなければなりません。

信頼関係を築くには、誠実な対応が必要です。約束を守る、嘘をつかない。こうした当たり前のことを徹底します。

約束の中には、締切りも含まれます。筆者は、締切りを守らない人が信じられません。その人の責任感を疑ってしまいます。

締切りを守るには、計画性が必要です。締切りまでの時間と作業量、既存のスケジュールをもとに計画を作成します。作業量は、全体をひとまとめに考えるのではなく、プロセスに合わせて分解しておきます。そうすると、スキマ時間でもできることが見つかります。

例えば、市場調査であれば、移動時間に行うことも可能です。電車の中で中吊り広告を読んだり、街行く人の様子を観察したりすることも可能です。締切りから逆算していくことで、やらなければいけないことが明確になります。

嘘の中には、虚偽の表現も含まれます。本人に騙すつもりはなくても、ついつい表現を誇張してしまうことがあります。契約を取りたいがための行動だとは思いますが、事実と異なることが発覚すると、顧客の信頼を失ってしまいます。

先日、支援先の方から、あるサービスの導入について、相談を受けました。そのサービスを導入することで、コストが５％削減されるとのことでした。初期費用や維持費用はかかりますが、コストが下がるのであれば、悪い話ではありません。

そこで、支援先のデータを元に、シミュレーションをしていただくことにしました。結果は、ほとんどコストが下がらないようです。その隣には、別な条件でのシミュレーションがされています。難しい説明が並んでいましたが、稼働率が現状の5倍になれば、投資コストを回収できるようです。

その資料を見て、筆者は慎重に対応するようにアドバイスをしました。その理由は、提出された資料が誠実なものではなかったからです。一般の人がわかるような説明がされておらず、煙に巻くような表現が使われていました。

また、投資コストが回収できるようになるには、どのような条件が必要なのかも明示されていません。さらには、その条件が達成される保証もされていません。

もちろん、やってみなければ、結果はわかりません。しかし、このような資料を提出するところが、今後支援先のために動いてくれるとも考えられません。非現実的な条件を持ち出し、それを実現する保証もないのであれば、嘘と言わざるを得ません。

・コミュニケーション能力を高めましょう

仮説思考を行うためには、情報が必要です。今はインターネットで調べれば、いろいろなことがわかります。それでも、顧客の課題を知りたいのであれば、直接聞くしかありません。

聞くことは、営業員に必須の能力です。聞く能力というと、傾聴を思い浮かべる方が多いのではないでしょうか。傾聴とは、相手に共感をしながら、話を聞く方法です。適切な傾聴ができると、相手は話しやすくなります。しかし、それだけでは、相手の本音は出てきません。相手の本音を引き出すには、質問力が必要です。

質問には、2つの力があります。

1つは、わからないことを明らかにする力です。仮説を立てて、要素を検証していく上で必要な情報を、質問をしながらヒアリングしていきます。「何かお困りごとはありますか」と、ただ漠然と顧客に課題を聞いても、明確な答えは返ってきません。自分なりに考えながら、質問を組み立て、会話を展開していきます。

もう1つは、相手に気づきを与える力です。質問の答えを考える過程を通じて、相手が気づいていなかったことに気づかせることができます。顧客が課題に気がつくような質問を考えます。質問は、会話の流れの中で、自然と行われるべきものです。いかにも本音を引き出そうと意気込んでしまうと、相手が警戒して、本音を聞き出すことができません。流れの中でさり気なく質問をしていくことが大切です。

話の流れに意識が集中してしまうと、肝心なことを聞きそびれる可能性があります。その可能性を防ぐために、質問リストを用意します。あらかじめ仮説に基づいて、質問すべきことを考えて、リストアップしておきます。そのリストに基づいてヒアリングを行うことで、抜け・漏れを防ぐことができます。

また、あなた会社の商品やサービスを伝える能力も必要です。伝える能力というと、プレゼンテーションを思い浮かべる方が多いのではないでしょうか。確かに、スティーブ・ジョブズのようなプレゼンテーションは、格好がよいですし、説得力があります。

しかし、実際の商談において、大々的なプレゼンテーションを行える機会はほとんどありません。机を挟んだ会話の中で、適切に伝えなければなりません。そのためには、論理的な構成が必要です。

論理的に構成されていると、話がわかりやすくなります。話があちこちに飛ぶような伝え方は、聞いていて面白いかもしれませんが、何を伝えたいのかがわかりにくくなります。筋道を立てて、伝えなければなりません。論理的な構成として有名なものに、次の2点があります。

⑴　ＦＡＢＥ技法

特徴（Feature）→利点（Advantage）→利益（Benefit）→証拠・事例（Evidence）の順番に、

話を構成します。

特徴から利益まで順番に展開していくことで、相手が理解をしやすくなりますし、押しつけがましい印象を和らげることができます。証拠や事例も合わせて提示することで、説得力が増します。

(2) PREP技法

ポイント・結論（Point）→理由（Reason）→事例・具体例（Example）→ポイント・結論を繰り返すPointの順番に、話を構成します。結論を先に述べることで、要点が伝わりやすくなります。その後、詳細な説明を行い、事例や具体例も提示することで説得力が増します。最後に、もう1度ポイントや結論を強調することで、相手に印象づけることができます。

コミュニケーションは、双方向のやり取りです。相手の反応に合わせて、会話を行わなければなりません。質問リストや論理的な会話のシミュレーションなど十分な準備が必要です。

準備をしたといっても、相手が興味を持たなければ意味がありません。相手の反応を無視して、一方的に話し続けても、何の成果も得られません。相手と会話のキャッチボールを楽しむ余裕が必要です。

・仮説思考を実践しましょう

仮説思考とは、その名のとおり、仮説を持って考えることです。仮説があれば、それに沿って検証を行うことができます。筋道を立てて考えることができるので、効率的です。

仮説があるのとないのでは、仕事の速度が格段に異なります。１日24時間は、誰にでも平等に与えられています。その時間をどのように使うかで、大きな差が生まれます。集中して効率的に時間を使うことで、高い成果を生み出すことができます。

仮説を立てるのは、難しいことではありません。最初は、「こんな感じだろう」というレベルで構いません。その仮説に基づいて、行動してみます。行動をすると、新たな情報が手に入ります。手に入った情報をつなぎ合わせていくと、新たな考えが浮かんできます。そうしたら、その考えを仮説として、また行動をします。

このプロセスを繰り返すことで、仮説はより強固なものになっていきます。仮説思考には、検証作業が不可欠です。最初から完璧な仮説を立てるのではなく、試行錯誤と検証作業を繰り返して、ブラッシュアップしていくことが大切です。

情報を用いて、仮説の立案と検証を行います。情報には、データも含まれます。最近話題のビッグデータなどのように、データを分析することで、仮説を得ることができます。

月別の売上データも立派なデータです。決算書からも経営の状況を読み取ることができます。分析結果から傾向や異常値を読み取ります。その原因を追究していくと、仮説を生み出すことができます。

また、データは、仮説の裏づけにも活用できます。ブレインストーミングなどから生まれたアイデアも立派な仮説です。しかし、その仮説には根拠がありません。感覚的に正しいものをデータで裏づけることによって、より確固とした仮説にしていきます。

このとき、バイアスがかからないように注意しなければなりません。データや統計は、客観的なものですが、それを読み取る際には、主観が入ります。仮説を正としてデータを読んでしまうと、客観性が失われます。主観的な仮説と、データから生まれた仮説を別々に扱い、最終的に付き合わせて考えることが大切です。

仮説思考力を鍛えるには、「なぜ?」と疑問を持つことが最も有効です。なぜこの商品は流行っているのか、なぜできる人はそのように考えるのかと、「なぜ?」を繰り返していきます。トヨタでは、「なぜ?」を5回繰り返すといわれますが、最低でも3回繰り返すと、よい仮説が生まれてきます。

仮説なので、必ずしも正しくなくても構いません。とにかく、自分なりに仮説を立てて、それを検証していきます。

最近では、インターネットやテレビで、業界の裏側や開発秘話が取り上げられています。そのようなものを見るときにも、自分なりの仮説を立てながら見るようにします。自分の仮説と、実際にあったこととの違いを知ることで、新たな視点を得ることができます。

・営業資料を用意しましょう

どんなに優秀な人であっても、事前の準備なしに商談を成功させられる人はいません。商談前には、顧客のことを調査し、仮説を立てておかなければなりません。これは、顧客に対する最低限の礼儀です。

事前準備を終えたら、営業資料を用意します。営業資料は、仮説の塊です。事前準備において考えた仮説を、わかりやすく整理して資料にまとめていきます。あなたの会社の商品やサービスが、顧客のどのような課題を解決し、顧客にどのような利益をもたらすか、それを理路整然と書いていきます。

資料を作成する際には、文字だらけにするのではなく、図も用いることでよりわかりやすくなります。

図のよいところは、複数の情報を同時に伝えることができる点です。人の目は、複数の物を同時に捉え、脳は、複数のことを同時に認識することができます。言葉は、順番にしか情報を伝えられないため、この同時に理解する能力を最大限に発揮することができません。図に重要な項目を記すことで、全体像を一目で把握しやすくなります。

また、図を使用すると、書ける文字数に限度ができます。ダラダラと文章を書くことができず、端的に内容をまとめなければなりません。内容を凝縮することで、訴求力が高まります。図の色や形、配置にも意味を持たせることで、相手の理解を深めることができます。

例えば、矢印を書けば、方向がわかるので、話の流れや論理展開がわかりやすくなります。このような工夫をすることで、複数の情報を瞬時に理解できる資料になります。

営業資料を作成する目的は、次の3点です。

(1) 商談のポイントをまとめておく

商談では、顧客のニーズの確認をしたり、あなたの会社の商品やサービスの価値を伝えたりしなければなりません。それも短時間に行う必要があります。オープン形式の商談会では、持ち時間が15分以下ということが一般的です。その短い時間を有効に使わなければなりません。

顧客ニーズの確認に関しては、質問リストを作成しておくことで、抜け・漏れがなくなるとお話しました。価値を伝える際には、営業資料を作成しておくことで、抜け・漏れがなくなります。

特に、時間が短いときには、資料の冒頭にサマリーページを作成しておきます。1ページに伝えたいことを凝縮しておきます。そうすれば、短時間でもポイントを抑えた説明ができます。

また、緊張したり、話が脱線したりすると、説明すべきことを忘れてしまうことがあります。営業資料を用意しておけば、資料を台本代わりに話を進めていくことが可能です。

もちろん、話の内容すべてを資料に書くことはできませんので、ポイントを抑えるだけとなります。それでも、伝えるべきことを確認するきっかけにはなります。

(2) 営業員の分身とする

商談相手が決定権を持っている場合には、その場で判断をしてもらうことが可能です。しかし、多くの場合は、社内稟議にかけられて決定されます。その際には、直接決定権者に説明をすることができません。商談相手に説得を委ねることになります。

相手のほうは、社内稟議に向けて、資料を作成する必要があります。あなたの商品やサービスが、顧客の会社にとって有益であることを証明しなければなりません。その手間は大変なものです。事前に営業資料を用意しておけば、相手の手間を省くことができます。

また、あなたの会社の商品やサービスを一番わかっているのはあなたですので、自分たちで資料を作成したほうが、よりわかりやすい資料になります。提案資料を顧客の社内で回してもらうことで、営業員に代わって、商品やサービスの説明をすることができます。

より効果を高めるためには、稟議用の資料も併せて用意しておきます。その際には、訴求する相手が変わりますので、それに合わせて資料も変える必要があります。

⑶　ノウハウを共有する

売れる営業員は、課題解決力があり、そのための仮説思考ができます。これらの能力は、誰にでも身につけられるものですが、不得意な人もいます。そのような人でも、資料を見ながらであれば、仮説を立てて考え、顧客の課題を解決することも可能になります。

営業資料とは、仮説の塊ですので、売れる営業員の資料を見ることで、他の人も仮説思考を疑似体験することができます。資料を用意しておけば、商談での説明力が上がります。本人にやる気があれば、よい資料を研究して、自分の血肉とすることも可能です。

なぜそのような仮説に至ったのかを、自分なりに考えて整理していくことで、論理的思考力や仮説思考力は鍛えられます。営業資料のひな形を作成し、共有することで、組織全体の営業力を強化することができます。

・頭を下げて売ってはいけません

4月になると、街中で「名刺をください」と、声をかけられることがあります。自分の素性も勤務先も、名刺の使用目的も告げず、ただ「名刺をください」と頭を下げています。研修の一環なのでしょうか。断られても断られても、頭を下げ続けています。

自分でもよくないこととわかっているのか、すぐ側までは寄って来ません。少し距離を置いたところから、遠慮がちに声を掛けてきます。何回か断られると諦めて、すぐに次の人の所に行ってしまいます。このような光景を目にすると、かわいそうだなと思ってしまいます。

営業とは、顧客の課題解決をする素晴らしい仕事です。しかし、その人の行っていることは、課題解決ではありません。ただ、自分の都合を押しつけているだけです。他者を幸せにできない人を、筆者は応援できません。

また、先日、実家の母から電話がありました。新聞を新たに契約したというのです。高齢の母が新聞を2部も取る必要がないので理由を聞いてみると、玄関先で土下座をされて困ったとのことでした。

事情を聞いた筆者は、販売店に連絡をして、契約を解除していただきましたが、母は相当困った様子でした。これも他人の迷惑を考えない自分勝手な営業です。

これらの例は極端だとしても、似たような事例は多々あります。例えば、商談において頭を下げて売るようなやり方です。もちろん、買ってくださった方に対する感謝の気持ちはあります。それが、頭を下げるという形で表れることもあります。問題なのは、買ってくださいと頭を下げて売るということです。

買ってくださいというのは、売り手の都合です。相手にとって必要かどうかではなく、自分が売れないと困るから売るという行為です。これは、すべき行為ではありません。

商売とは、顧客に価値を提供して、その対価をいただくという行為です。こちらから提供する価値もないのに、お金をいただくわけにはいきません。また、自分が自信を持ってすすめることができないものを売るべきでもありません。自分が相手にとって価値があると思うものを、自信を持って売るべきです。そうすれば、頭を下げて売るというスタイルにはなりません。

泣き落としというのも、立派なクロージングの手法かもしれません。しかし、毎回それに頼るというのは、情けないものです。泣き落としが通じる市場を一巡してしまったら、それ以上の売上は望めません。

新規市場を開拓し続けなければ、顧客の規模は小さくなっていきますので、いつか会社が成り立たなくなってしまいます。そうならないためには、自信を持って、あなたの商品やサービスの価値を訴求していかなければなりません。

商品やサービスに自信がないのであれば、それをつくり直す必要があります。価値を上手く伝えられないのであれば、頭に汗をかいて伝え方を考える必要があります。安易な方法に逃げるのではなく、あなたの会社と顧客に真剣に向き合って、売れる仕組みをつくらなければなりません。

・販売して終わりではありません

営業員の仕事は、商談をまとめて終わりではありません。むしろ、そこからが勝負です。新規顧客の開拓には、多大なコストがかかります。経営資源には限りがありますので、コストを抑えながら、顧客数を増やしていかなければいけません。そのためには、新規顧客を固定顧客化し、ファン顧客にしていきます。適切なアフターフォローが必要です。

購入した商品に不満があれば、顧客が繰り返しあなたの会社を利用してくれることはありません。不満を直接伝えてもらえればよいのですが、大半の顧客は黙ったまま離反していきます。これをサイレントマジョリティと言います。そのため、あなたから定期的に顧客の様子を伺って、不満があるようであれば、サポートをします。

顧客が商品を上手く扱えていないのであれば、適切な使用方法を伝えます。顧客に合わせて調整をすることも可能です。顧客の不満を解消することができなければ、次の営業につながりません。

営業時に契約を取りたいがために、誇張表現を多用してしまうと、このアフターフォローで苦労することになります。契約後に話が違うとなれば、顧客の信頼を失うことになります。中長期的な関係を目指すのであれば、契約のための安易な約束はしてはいけません。

顧客の不満が解消されたら、関係性の維持に努めます。顧客の役に立つ情報を提供していきます。ただし、あまり営業色が強くなってしまうと、顧客は警戒してしまいます。営業色を出したくないのであれば、自分の近況を伝えるのも一手です

契約後には、相手のことを考えるための情報は、多数揃っています。それをどのように活用するかは、あなたの腕の見せ所です。

2　BtoC編

・売れるお店の特徴

筆者の特技の1つは、売れているお店かそうでないかがわかることだとお話しました。街を歩いていると、ふと面白いお店が視界に飛び込んできます。飲食店の予約をするときも、外れたことがありません。おかげで、飲み会の幹事を任されることも多いです。

どうしてわかるのかといえば、売れるお店には空気感があるからです。その空気感を感じ取ることで、よい出会いを楽しむことができています。お店を見たり近づいたりしたときに、様々な空気感が伝わってきます。ワクワクする感じがしたり、賑やかな感じがしたり、落ち着いた雰囲気のこともあれば、どよんとしていることもあります。同じお店であっても、久しぶりに行くと空気感が変わっているこ

とがあります。そして、その空気感に影響されて、買い物のモチベーションも変化します。

もちろん、楽しい空気感のあるお店では、モチベーションが上がります。気がついたら予定外の買い物をしていることもしばしばあります。反対に、買い物をするつもりで入店しても、空気感が悪いと1周して出てきてしまいます。このように考えると、買い物をするかどうかは、お店を入った瞬間に決まっています。

空気感を言葉で説明するのは難しいですが、空気感をつくり出しているものはわかります。それは、そこにいる人です。各個人の持っている雰囲気がお互いに触発し、増殖して、お店の空気感をつくっています。

楽しい人が集まっていれば楽しいお店になります。それでは、楽しい人を集めるにはどうすればよいでしょうか。類は友を呼ぶといいます。まずは、お店の人たちが楽しくしていることです。嫌々働いていたのでは、よどんだ空気感になってしまいます。ES（従業員満足）が大事といわれるのも、このように考えると理解しやすいと思います。明るい笑顔と元気な挨拶、ハキハキした対応をしているお店は大概繁盛しています。

空気感をもう少し言い換えると、ストアコンセプトとも表現できます。ストアコンセプトが表現されていることで、そのお店独自の雰囲気が生まれます。それが、人を呼び込みます。

ストアコンセプトを表現するのは、接客・販売促進・商品の3点です。この3点がバランスよく表現されているほど、ストアコンセプトもよく伝わります。接客と販売促進については、この後、詳しくお話します。

製造業でないと商品にこだわりを持てないと考えているかもしれませんが、そのようなことはありません。

こだわりの仕入で有名なお店はたくさんあります。高級食品スーパーマーケットの成城石井は、顧客の要望に応えながら商品数を増やしていくことで、今の形態になりました。創業当初は、街の中の青果店でした。東京都世田谷区成城というこだわりを持った人々の住む街で、顧客のこだわりに応えるには、こだわりの商品を揃えるしかありません。顧客のニーズに応え続けることで、発展してきました。

成城石井のバイヤーは、日本全国、世界各地のおいしいものを求めて飛び回っています。常に情報収集を行い、プライベート商品の開発も行っています。

プライベート商品は、差別化を行う上で重要な商品です。他社で取り扱っていないということもありますが、自分たちのこだわりを表現しやすいからです。あなたの会社に製造機能がなくとも、仕入先と協力して商品開発をすることは可能です。ストアコンセプトに基づき、品揃えを見直すことで、お店の特徴づけをすることが可能です。

・接客力を高めましょう

ＢtoＣの場合、人で売ることはよくあります。どこで買うかよりも、誰から買うかが重要になってきます。筆者も、学生時代の洋服は、決まったブランドで買っていました。そこのデザインがよかったこともありますが、ショップの店員さんと仲良くなったということが大きいです。セールのときには、奥から目玉商品を持ってきてくださることもありました。そうした関係が嬉しくて、洋服を買うときには、まずその人のところに足を運んでいました。

売れる店員の方は、商品を押しつけることがありません。コミュニケーションを取りながら、その人にあった商品をすすめていきます。

いまだに百貨店の催事に行くと、ゾンビのように声をかけてくる販売員がいます。ゆっくり商品を見て選びたいと思うのですが、商品に近づこうものなら、次から次へとマシンガントークを受けてしまいます。

催事にいる販売員は、各メーカーから派遣されている方も多いので、自分の担当のところで買ってもらいたいという気持ちはわかります。しかし、こちらの要望を聞くこともなく、一方的に押しつけられたのでは、購買意欲をなくしてしまいます。

最近の消費者は、押しつけられることを嫌う傾向が強くなっています。消費者が独自の価値観を持って商品を選ぶようになったからです。自分の価値観に合わないものを押しつけられるのは、迷惑でしかありません。

このような接客を行わないためには、コミュニケーションを十分に取る必要があります。特に、顧客が気持ちよく話をできる状況をつくらなければなりません。販売員が話すのではなく、顧客の話を引き出すようにします。顧客の話を奪うなどもってのほかです。あくまで主役は顧客です。

筆者が三越の先輩から教わったことの1つに、顧客の波に乗るというのがあります。それは、顧客の感情に共感して、一緒に喜び、一緒に楽しみ、一体感を得るというものです。

顧客の感情を読み取るのは、特別な技術ではありません。顧客の声のトーンや表情、身振りから、どこに一番力が入っているのか、感情が高まっているのかを感じ取り、そこに合わせて共感します。

共感をするときには、リアクションを大きくします。演技と言っても構いません。わかりやすい反応を示します。ただし、いかにもわざとらしい態度になってしまうと、顧客もあくまで仕事として対応しているのだと感じてしまい、逆効果になってしまいます。

接客におけるコミュニケーション能力は、身につけるのに時間がかかります。経験を積みながら、自分なりのスタイルを確立してください。

一方、誰にでもすぐにできる接客の基本ポイントもあります。それは、笑顔・挨拶・アイコンタクトです。

笑顔は、満面の笑みを浮かべる必要はありません。口角を上げて、目尻を下げます。顔の表情が固い人は、日頃から練習をします。鏡の前で表情をつくったり、ガムを噛んだりすることで表情筋を鍛えることができます。

挨拶は、接客7大用語が基本となります。

接客7大用語は、次のとおりです。

①　いらっしゃいませ
②　少々お待ちくださいませ
③　大変お待たせいたしました
④　かしこまりました
⑤　申し訳ございません
⑥　ありがとうございました
⑦　またお越しくださいませ

これらの言葉を基本として、あなたのお店にあった表現にしてください。「いらっしゃいませ」の後に、「こんにちは」など、一言付け加えると、コミュニケーションが取りやすくなります。

アイコンタクトは、顧客に関心を持っているという意思表示です。相手の目を見るのが恥ずかしいという人は、眉間の少し下を見るようにすると、相手の目を見ているように見えます。

自信のある接客を行うには、商品知識が不可欠です。商品知識と商品スペックは異なります。商品の価値を伝えなければ意味がありません。商品知識を身につけるには、自分で勉強するしかありません。そのためには、実際にその商品を使用してみたり、生産者を訪問したりします。自分で体験することで、商品知識は高まります。

商品知識がないと、顧客の質問に答えることができません。答えられないと恥ずかしいので、顧客から質問されないように逃げるようになります。これでは、コミュニケーションを取ることも接客を行うこともできません。会社としても、従業員が商品知識を身につけられる機会を提供することが必要です。

・内的販売促進策と外的販売促進策

販売促進策には、内的販売促進策と外的販売促進策があります。

内的販売促進策とは、店舗の内部で行われるもので、購買率に寄与します。主な販売促進策としては、接客、ＰＯＰ、陳列、レイアウト、ビジュアルマーチャンダイジングなどが挙げられます。ＰＯＰと陳列に関しては、詳細を後述します。店舗のワクワク感を高めることで、顧客の購買意欲を刺激します。

外的販売促進策とは、店舗の外部で行われるもので、来店率に寄与します。主な販売促進策としては、チラシ、看板、ファサード、インターネットなどがあります。店舗に興味を持ってもらうことで、顧客の来店意欲を刺激します。

チラシなどの広告宣伝費は、しばしば経費削減候補の筆頭に挙げられます。売上が低下してきて、経費を削減しなければいけないときに、人件費や地代家賃は手をつけづらいものです。広告宣伝費は、チラシを止めればいいので、簡単に着手できます。

しかし、筆者のこれまでの支援経験からすると、広告宣伝を完全に止めてしまうのは危険です。新規顧客獲得よりも既存顧客の維持のほうが、コストはかかりません。ただし、既存顧客を

100%維持することはできません。何らかの理由により、離反する顧客が出てきます。特に、売上が低下しているときは、既存顧客を失っていることが多いのです。

このようなときに、新規顧客を獲得できなければ、売上はどんどん低下していきます。新規顧客の獲得のために、広告宣伝は不可欠です。広告宣伝により、集客ができていないのであれば、内容を見直すべきです。価格勝負ができないのであれば、イベントなどで訴求をします。価格を前面に打ち出したチラシよりも、メッセージ性の高いチラシのほうが、中小企業の集客には有効です。広告宣伝の回数を減らすことはあったとしても、完全に止めずに、新規顧客開拓の努力を続けることが必要です。

ここで、1つ重要なことがあります。それは、外的販売促進策を充実させる前に、内的販売促進策をしっかりと行うことです。内的販売促進策は、顧客満足度を高めます。顧客満足度を高めることができないと、せっかく来店した顧客も何も買わずに帰ってしまいます。これでは、来店率をいくら高めても売上は増加しません。さらにひどい場合には、不満を持った顧客が、悪評を流すかもしれません。お金をかけて、あなたの会社の評判を落としていたのでは、意味がありません。

数年前、クーポンサイトが、多数オープンしました。定価の半額などでサービスを受けることができることで、話題になりました。オープン当初は、多数の飲食店がクーポンを発行していました。しかし、最近では飲食店のクーポンは、あまり見かけなくなっています。

飲食店としては、クーポンをきっかけに来店してもらい、リピート顧客を増やそうと考えます。

ところが、クーポンの価格では、十分なサービスを提供することができません。来店客数が一時的に増加することで、対応が間に合わないこともあります。そのため、来店客は不満を持ちます。筆者も、インターネットの口コミで、写真と実物が違うという不満や、接客態度の悪さなどを見かけたことがあります。

どんなに安くても、いらないものはいらない時代です。まずはお店の魅力づくりをしっかりと行って顧客満足度を高め、リピート顧客を増やす仕組みを整えます。仕組みができあがったら、チラシなどを活用して新規顧客を取り込みます。この順番を間違えると、お金を溝に捨てることになりかねません。

・陳列のポイント

陳列とビジュアルマーチャンダイジングは、異なります。ビジュアルマーチャンダイジングは、主にショーウインドウやコーナーなど演出性の高いところに用いられます。店舗のイメージを高めるための陳列の中の一種です。

商品の訴求を行って購買率を高めるのか、店舗の演出を行って顧客満足度を高めるのかで、取るべき陳列の方法は異なります。綺麗に並べれば売れるというものではありません。

陳列の基礎は、揃えることです。きちんと揃っていない売場は、顧客に不快感を与えます。不快感のある売場で買い物をしたい人はいません。揃えるべきは、次の４点です。

(1) 種類を揃える

同じ種類（カテゴリー）の商品は、縦に揃えて並べます。これを縦割陳列と呼びます。縦割陳列にすると、棚の前を歩くお客様にとって、何がどこにあるのかわかりやすくなります。

(2) 形を揃える

同じ形の商品は、まとめて揃えます。そのほうが、効率的に棚に商品を詰めることもできます。また、小さい・軽い商品を上段に、大きい・重い商品を下段に配置します。これは、顧客の安全性に配慮してのことです。

(3) 色を揃える

色相環、トーンに従って陳列します。虹の配色をイメージして、薄い色から濃い色へと展開していきます。

(4) 価格帯を揃える

エンド陳列などのコーナーで、価格帯が揃っていないと、お客様は選びづらくなります。低価格帯なら低価格帯で商品を揃えなければなりません。また、棚に並べるときは、高額品は上段に、廉価品は下段に配置します。これは、高額品のイメージを崩さないためです。

この基礎は、最低限守らなければいけないルールです。その上で、訴求力のある売場をつくるためには、次の5点を実行します。

(1) ボリューム感を出す

訴求力のある売場をつくるためには、ボリューム感が不可欠です。ボリューム感を出すことで、商品の魅力を高め、売り手の意図を伝えることができます。

ボリューム感を出すポイントは、きちんと詰めることです。きちんと詰まった売場というのは、隙間や凸凹のない売場です。そのためには、前進立体陳列やフェイスアップを行います。

前進立体陳列とは、簡単にいえば、前出しを行うということです。棚の一番手前に透明な壁をイメージして、そのラインでビシっと商品を揃えます。さらに、フェイス（商品の正面）を揃えるようにします。これだけの作業で、売場の印象がガラッと変わります。慣れるまでは面倒かもしれませんが、ぜひ実行してください。

また、高級品に関しても、きちんと詰めたほうが訴求力が上がります。その場合は、商品を寄せて、周囲の空間で、高級感を演出します。全体にパラパラと配置をすると、間延びをしてしまう可能性があります。床の間の配置をイメージしてください。

そして、売場は、１度つくったら終わりではなく、きちんとメンテナンスをしなければなりません。適切なメンテナンスを行わないと、ボリュームが維持できません。ピークタイムの前後などに、品出しと合わせて、前出しやフェイスアップを行います。定時に全員で必ず行うことがポイントです。

⑵　フェイスを拡大する

フェイスの広さと売上は比例します。売筋商品のフェイスを広げて、死筋商品を売場から追い出すことが大切です。筆者の経験では、フェイス数が2倍になると売上が20％程度増加します。

新商品を投入する際には、思い切ってフェイスを広げてしまいます。その後は、売行きを見ながらフェイス数を調整し、定番に落ち着かせていきます。

(3) 優位置に展開する

売筋商品は、優位置に商品を出します。優位置とはエンド、店頭、レジ前、導線の角、ゴールデンゾーン等です。同じ商品を複数箇所に展開しても構いません。

例えば、店頭でコーナー展開をしながら、定番のゴールデンゾーンでもフェイスを広げます。視認性が高まるほど、商品の購買率は上がります。あなたの売りたい商品は、積極的に複数箇所で展開します。

雑貨小売業を営むO社では、店長が独自に売りたい商品を主導線に抜出し陳列を行うことにしました。エンド陳列や店頭の総合平台は、本部から指示がありますが、この抜出し陳列は、店長が自由に商品を選んで、陳列することができます。

店舗の地域特性に合わせて、おすすめ商品を複数箇所で展開することになりました。また、店長が抜き出したいほどの思い入れを持っている商品ですので、その思いをＰＯＰに書きました。

その結果、売上が実施前の１２０％を超える商品が、続々と登場しました。定番で動かなかった商品も、抜き出すことで動くようになりました。

自分が企画したものが売れる喜びを知った店長のモチベーションも上がり、O社の大きな成功事

【図表７　さんま売場の写真】

例となりました。

⑷　ＰＯＰをつける

ＰＯＰをつけることで、視認性や訴求力が高まります。優位置展開したところには、必ずＰＯＰをつけます。ＰＯＰの書き方については、後述します。

⑸　演出性を高める

優位置は、お店の顔でもあります。そこに展開された商品が、お店全体の雰囲気を左右します。そのため、優位置展開する際には、演出性を高めて、お店の魅力を高めるようにしなければなりません。

演出性を高める陳列の工夫としては、ビジュアルマーチャンダイジング、関連陳列、季節商品の展開、照明・什器等があります。

特に、日本人は、季節感に敏感です。季節商品や装飾品器を上手く活用して、季節感を演出します。このとき、関連陳列を行うとさらに効果的です。

スーパーマーケットを営むP社では、秋のさんまの季節にコーナー展開を行いました。丸物の生のさんまだけでなく、フライ用に開いたものや、お刺身、にぎり寿司と加工を行いました。さらに、大根やポン酢も一緒に陳列をしました。

その結果、通常の2倍の売上となり、今では秋の風物詩となっています。

・POPを書いて訴求しましょう

POPは、「もの言わぬセールスマン」といわれるように、販売員に代わって商品やサービスの価値を伝える役目を持っています。

POPには、文字だけでなく絵も描くことができます。表現力があるので、あなたの想いやこだわりを十分に伝えることができます。筆者は、支援先の方々に積極的にPOPを書くように指導しています。POPを書くことで売上が増加するのはもちろんですが、価値訴求の練習にもなるからです。

顧客を前にすると緊張してしまう人でも、POPであれば人目を気にせず書くことができます。ターゲット顧客のことを思い浮かべながら、価値を文字にして伝えることは、接客のシミュレーションになります。POPを書き続けることで、接客力が向上します。

POPにも売れる表現と売れない表現があります。メーカーの商品スペックを丸写ししたような

ＰＯＰは、売れません。売れるＰＯＰとは、顧客の心を動かすことのできるＰＯＰです。色とりどりのペンで書かれた可愛らしいＰＯＰは注目を集めます。しかし、見た目のよさと、売れるかどうかは別物です。豪華にデコレーションをしても、内容が伴わなければ、売れるＰＯＰになりません。パッと目について読みやすいＰＯＰのほうが、顧客の心を動かします。

どんなに上手い文章であっても、売場で長々と書かれたＰＯＰを読むということはありません。一瞬で顧客の心を鷲掴みにするには、次の５つのポイントを押さえます。

(1)　使用状況が思い浮かぶように書く

商品の価値は、実際に使用してみないとわかりません。そこで、ＰＯＰを読むことで、顧客に疑似体験をさせます。どのように使用すればよいのか、使用するとどのようなメリットがあるのかを表現します。使用方法がわからないと、顧客は購入をためらいます。使用状況を伝えることは、購入のハードルを下げる効果もあります。実況中継のようにリアルに訴求することがポイントです。

(2)　五感を刺激するように書く

顧客の購買意欲に火をつけるには、五感を刺激することが効果的です。そのためには、表現にシズル感を持たせます。シズルとは、英語の擬音語で、肉を焼くときのジュージューいう音のことです。

熱々の鉄板の上にステーキが乗っています。断面はほんのりピンク色で、鉄板の上にはジュージューと細かな油がはねています－これを読んで、思わずお腹が鳴りましたか。このように顧客の想像力をかきたてて、五感を大いに刺激することがポイントです。

⑶　顧客の知らなかったことに気がつくように書く

アハ体験のように、人は気がつくと納得します。これまで知らなかったことにスポットが当たると、そこが光り輝いて見えます。その瞬間に、購買意欲に火がつきます。

あなたは、商品やサービスのことをよく知っています。こだわりを持って仕事をしているので、当たり前のようにすごいことをしています。プロの当たり前は、一般の人にとってはすごいことなのです。あなたの知識を少し開示するだけでも、顧客に驚きをもたらすことができます。顧客の知らない有益な情報を伝えることがポイントです。

⑷　読んで楽しくなるように書く

あなたの会社の商品やサービスのよさを強調しようとして、他社と比較することがあります。比較すること自体は悪くないのですが、ついつい他社を批判してしまうとよくありません。こだわりを持っていればいるほど、他社のやり方には納得がいかなくなる気持ちもわかります。しかし、他社の批判ばかりしている会社を、応援したいと顧客は思いません。

批判的な文章は、読んでいても楽しくありません。嫌な気分になることすらあります。それでは、顧客の購買意欲に火はつきません。読んでいて楽しくなるような表現にすることがポイントです。

⑸　人間的で感性的な表現で書く

ＰＯＰをまじめに書きすぎると面白くありません。間違いのないように、顧客に失礼のないように意識して書けば書くほど、顧客との距離感が出てしまいます。それでは、顧客の購買意欲に火はつきません。

あなたらしさを存分に出してください。人を動かすのは、人です。よそよそしい表現ではなく、あなたという人を感じられるような表現にすることがポイントです。

ＰＯＰは、優秀な訴求ツールですが、１つだけ留意点があります。それは、ＰＯＰにも鮮度があるということです。

同じＰＯＰを使い続けていると、鮮度が落ちてきます。ＰＯＰそのものが汚くなってくることもありますし、内容がマンネリ化してしまいます。人の適応能力は高いですので、同じものを見続けていると意識から除外するようになります。顧客に意識されなくなってしまっては、ＰＯＰをつけていても、つけていないのと同じです。

また、ＰＯＰの評価は、商品そのものの評価にもつながります。ＰＯＰに鮮度がないと、商品の鮮度も悪いと判断されてしまいます。

そのような事態を避けるためにも、同じＰＯＰを使い続けてはいけません。定期的に内容を変えたり、一定期間休ませてから再利用したりします。売場の点検をする際には、商品だけでなくＰＯＰなどの販売促進物の確認もするようにします。

食品スーパーマーケットを営むQ社では、当初、ＰＯＰの導入に懐疑的でした。そこで、筆者が実際にＰＯＰを買いて商品に添付をすることにしました。

その結果、ＰＯＰを読んだお客様が、商品をひっくり返して選ぶようになりました。そのＰＯＰ

【図表８　ブロッコリーのＰＯＰ】

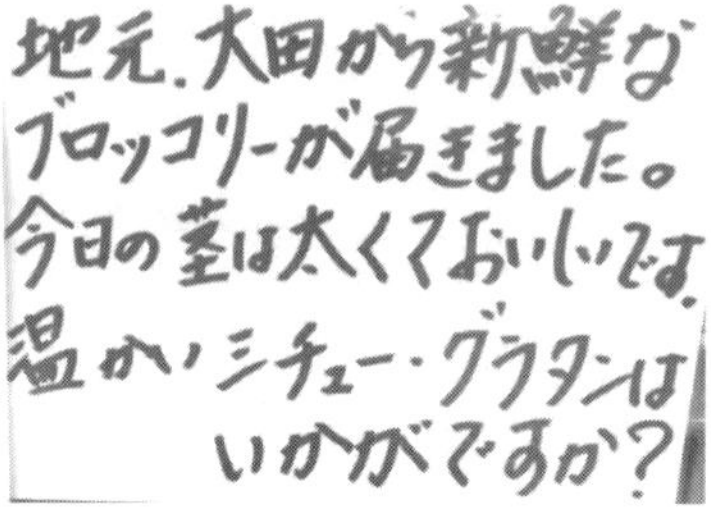
地元．大田から新鮮な
ブロッコリーが届きました。
今日の茎は太くておいしいです。
温かいシチュー・グラタンは
いかがですか？

には、「茎の太いものがおいしい」と書いておいたのです。それを読んだお客様は、茎の太さを見ながら、よい商品を自分で選んで、納得して購入をされました。その結果、セール時よりも多くの商品が売れてしまいました。

ＰＯＰの効果を信じていなかった担当者の方は、商品の発注を多くしなかったために、翌日販売する商品がなくなるという緊急事態になってしまうほどでした。

この結果を受けて、部門の方全員で、ＰＯＰ作成に取り組むようになりました。さらに、その様子を見ていた他部門の方もＰＯＰの作成をするようになりました。店全体の訴求力が上がり、売上も前年を大きく超えました。

3　インターネット編

・インターネットでできること

インターネットの出現によって、ビジネスの仕組みは大きく変わりました。スマートフォンが普及したこともあり、誰もがインターネットを利用する時代になっています。もはや日常生活の一部となってしまっています。

この流れを無視することはできません。機械オンチであろうと、文系であろうと、インターネットを活用しなければ、今後のビジネスは成り立ちません。ここでは、ネットビジネスについてではなく、あなたのビジネスにインターネットをどのように活用するかをお伝えします。

インターネットの最大の強みは、情報発信力にあります。あなたの会社のホームページには、世界中どこからでもアクセスができます。インターネットで検索をすれば、外出中でも、深夜でも、情報を得ることができます。インターネットで調べれば、わからないことはないとさえいわれています（これはさすがに言い過ぎだと思います）。適切に情報を発信すれば、多くの人にあなたの想いやこだわりを伝えることができます。

インターネット上にアップロードできる情報量は無限大にあります。文字だけでなく、図表や写真でも表現することができます。最近では、動画を活用した訴求方法も増えています。

あるお店では、商品を使用している様子をビデオに撮って、商品紹介ページにアップしています。様々な手法が使えるので、想いやこだわりを自由に表現することができます。

インターネットを活用した情報発信の方法としては、次の３点があります。

⑴　ホームページ

ホームページは、会社案内やカタログに当たります。ＥＣサイト（ネット上で商品を販売するサイト）の場合は、店舗機能も有します。

初めてあなたの会社を訪問する人は、まず間違いなく会社のホームページを検索しています。ホームページには、想いやこだわりを存分に表現してください。ある程度文章量があっても構いません。

⑵ ブログ・メールマガジン

定期的に一定の文章量のあるものを発信するのに適しています。個人的なことを書いても構いません。顧客との関係性の強化に活用します。個人的と言っても、会社を代表して書いていることを忘れてはいけません。

ブログは、相手に見にきてもらいますが、メールマガジンは、こちらから相手に送ります。そのため、押しつけがましいと感じられてしまうこともあります。名刺交換をしたり、メールを送ったりすると、断りもなくメールマガジンを送ってくる方がいます。これは大変失礼な行為です。そのような場合、相手があなたのメールを迷惑メールに登録してしまうことがあります。そうすると、大切な連絡をすることができなくなる可能性があります。メールマガジンの送付前には、一言お断りをするのが礼儀です。

⑶ SNS

SNSは、タイムリーな情報発信に適しています。双方向のコミュニケーションを取ることも可能です。顧客との接触頻度を容易に増やすことができます。毎日何度も顧客を訪問することは非現実的ですが、SNSであれば接触可能です。

リンクを投稿することで、ホームページやブログに誘導することもできます。顧客との関係性を密にするために活用します。上手く仕掛けをすれば、口コミによる宣伝活動を行うことも可能です。

・インターネットは万能ではありません

インターネットは、便利な情報発信のツールですが、万能ではありません。ホームページを開設したからといって、問合せが急増するわけではありません。インターネットショップを開設したからといって、売上が急増するわけでもありません。あくまで顧客との関係性を強化することで、売上につながっていきます。

したがって、一定の労力が必要です。インターネットは、自動販売機ではありません。設置して終わりではなく、ツールとして活用してはじめて真価を発揮します。

顧客との関係性を強化する上で、頻繁な更新は不可欠です。ストレスを感じるほどの頻度で更新をする必要はありませんが、更新頻度が高まるほど、情報発信量は増えますし、関係性も強化することができます。

更新が疎かにならないようにするには、ルールを決めてしまうのが一番です。筆者は、ブログを毎日更新すると決めて書き始め、６年以上経過しています。それも、相手にとって何らかのメリットがある内容にしています。行列のラーメン食べましたといった内容は載せないようにしています。このように自分に制約を設けると、プレッシャーがかかります。適度なプレッシャーは、通常以上の能力を発揮させることができます。

筆者は、ブログネタを探すために、情報収集が欠かせなくなりました。本を読んだり、話題のスポットに出掛けたりもしています。インプットがなければ、アウトプットもありません。最初は嫌々でも、習慣化すると、それをしないことが気持ち悪くなります。筆者は、夜遅く飲んで帰ってきたときでも、ブログを更新しないと気が済まなくなりました。ブログを読んだ方から、仕事の依頼をいただくなど、今では欠かせないツールになっています。

関係性の強化には、コミュニケーションが不可欠ですが、インターネット上ではリアルよりもコミュニケーション上の制約が多いです。最も難しいのは、顧客の顔が見えないことです。

これは、物理的にも比喩的にもコミュニケーションを困難にします。メラビアンの法則に代表されるように、コミュニケーションでは、表情やイントネーションが大きな役割を果たします。インターネット上では、文字を使って一方通行のやり取りが主体になります。そのため、相手の反応を伺うことができません。目隠しをしたまま、相手と会話をしているようなものです。想像力を働かせて、相手の反応を考えながら表現するしかありません。

もう1つは、顧客情報がないということです。年齢や性別などは入手できるかもしれませんが、どのような価値観を持っているかはわかりません。

そこで、インターネットでは、この指とまれ型の情報発信となります。あなたの会社の想いや価値観を発信して、それに共感してくれる顧客を集める方法です。ターゲット顧客像をイメージしながら、情報発信を行います。

・インターネットとリアルを組み合わせましょう

インターネットを活用した情報発信も、リアルでの情報発信も、どちらも経営目的を達成するための手段です。どちらが優れているというわけでもありません。お互いに組み合わせることで、さらに強力なツールとなります。

インターネットの情報発信にも、1つ欠点があります。それは、顧客が情報を検索したり、サイトを登録したりしないと、こちらから情報を届けることができないということです。

インターネット上では、SEO（検索エンジン最適化）を強化したり、リスティング広告を行ったりして、ターゲット顧客に情報を届けられるようにします。

一方で、リアルからインターネットに誘導することもできます。例えば、名刺やショップカードにホームページやSNSのURLやQRコードを書いておきます。リアルで出会った人に、インターネットの仕掛けも紹介することで、情報を提供できるようにします。

一昔前は、名刺交換をすると、御礼のメールを送付していました。そうすることで、相手の手元にこちらの連絡先が残ります。最近では、Facebook で友達申請をすることがメール送付に取って代わりました。Facebook のほうが、日頃から相手と接触することができますし、相手の価値観を理解することもできます。Facebook 経由で連絡を取ることも可能です。

先日、楽フェスに遊びに行きました。楽天市場がインターネットを飛び出して、リアルに進出をした事例です。どのような仕掛けがあるのか楽しみでした。会場内は、展示会とも即売会ともつかない、不思議な出展スタイルでした。リアル店舗を持っているところや百貨店催事などに出ているところは、積極的に販売を行っていました。しかし、大半の店舗は、サンプルやクーポンを配布して、インターネットショップでの販売に誘導していました。あくまで販売はインターネットで、リアルはインターネットへの入口としていました。

筆者は、日頃、目的買いでしかネットショップを利用しません。このようなイベントで、複数の店舗をブラブラしながら、面白い商品を見つけるというのは、買物本来の楽しみがありました。インターネットとリアルを融合させた好例です。

インターネットからリアルへ誘導することも可能です。飲食店やサロンでは、インターネットサイトで店舗情報やクーポンを発行して、来店を促すという仕組みができあがっています。事前に情報を与えて、クーポンで来店のハードルを下げることで、来店客数を増やそうとしています。

ＳＮＳでタイムセールの情報を流している店舗もあります。ＳＮＳでは、即時に情報を流すことができるので、店舗の状況を見ながら、次の一手を打つことができます。雨の日に、雨の日セールの情報を流すというのは、悪天候による来店客数の減少を補おうとする取組みです。

今日では、情報はインターネットで収集するのが当たり前になっています。インターネット事業を行っていないので、インターネットは関係ないという理屈は通用しません。また、インターネット対策だけしておけば大丈夫というものでもありません。ツールの1つとして、リアルと絡めながら、活用していくことが大切です。

第5章　組織を動かせ！

1　組織変革とは

・組織が変わる瞬間

あなたが、会社をよくしたいとどんなに思っても、1人で会社をよくすることはできません。従業員全員に働きかけて、組織を変えていく必要があります。

これは、あなたと組織との戦いです。あなたの情熱を組織に伝えることで、組織の中に熱がこもってきます。その熱が一定の量に達すると、組織は変わり、動き出します。筆者は、この組織が変わる瞬間に立ち会うのが、何よりも好きです。

組織が変わってきているというのは、すぐにわかります。毎日接していると気づかないかもしれませんが、筆者のように月に1、2回しか訪問しないと、変化は顕著に感じ取れます。それは、業績としての変化よりも先に現れます。変わるものは、組織の雰囲気や空気感、そして行動量です。

従業員がやる気に満ち溢れて、活発に行動しています。熱が上がることで行動量が増え、行動量が増えることで、さらに熱が高まります。この変化は、支援先に1歩足を踏み入れればすぐに感じられますし、話をしているとさらによくわかります。

あなたの周りの繁盛しているお店とそうでないお店の違いを想像してみてください。同じような

【図表9　組織変革のプロセス】

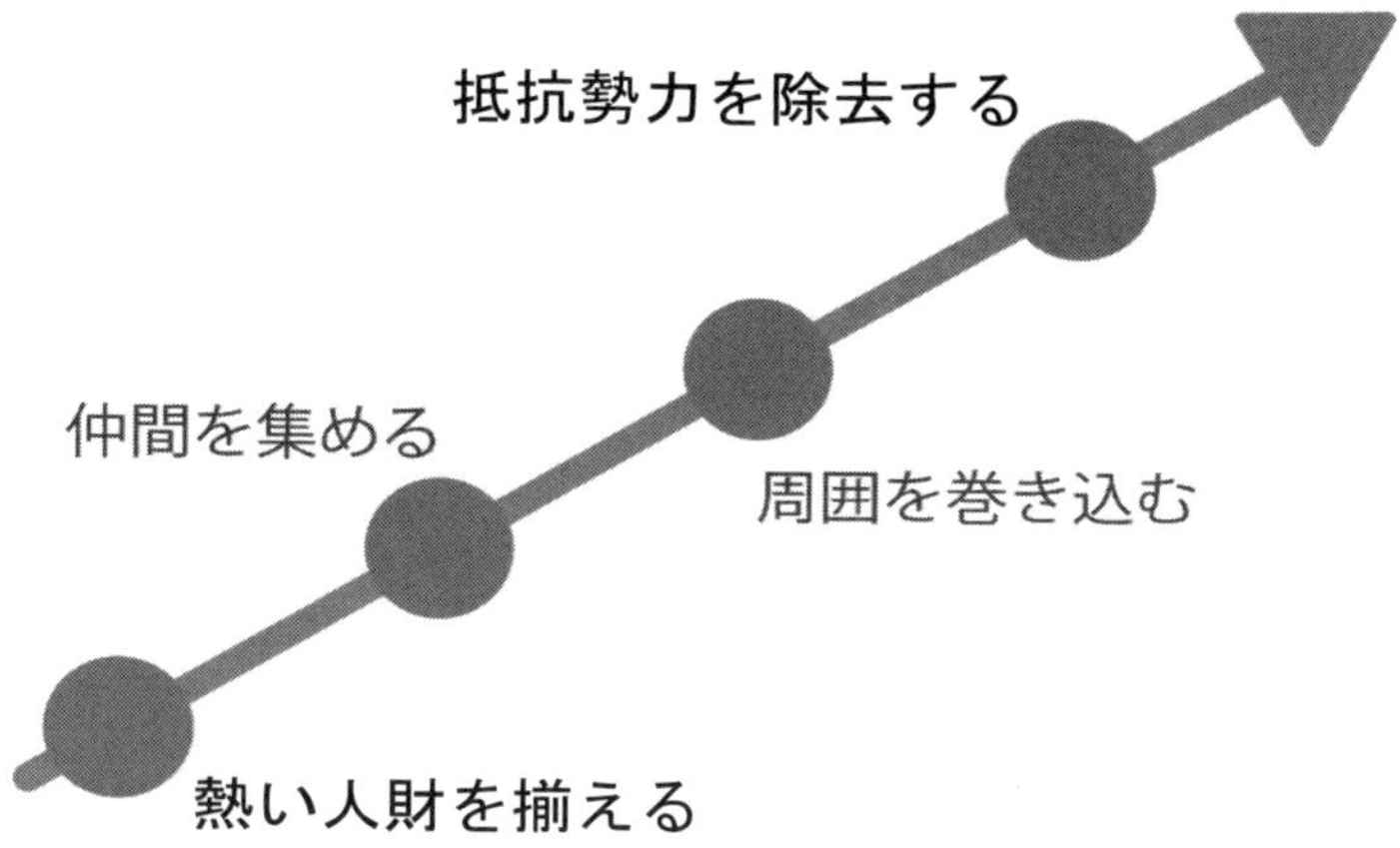

商品やサービスを提供していても、お店の雰囲気はだいぶ違うはずです。繁盛店は活気に溢れ、その活気がさらにお客さんを呼び込んでいます。

組織の熱は、目に見えることはありませんし、数字で表すこともできません。そのため、他社が真似をしようとしても、なかなか真似をすることができません。トヨタが自社の改善方法を公開しているのも、トヨタ方式を実行するだけの組織風土がなければ上手くいかないということを知っているからです。表面的なやり方だけを取り入れても、結果はついてきません。じっくりと自社と向き合い、あなたの熱を伝えて、組織が変われば、結果は自ずとついてきます。

この変化は、ランダムに起こるものではありません。一定のプロセスを経て起こります。それは、火を起こす作業に似ています。このプロセスは、次の4段階で表すことができます（図表9参照）。

1　熱い人財を揃える（火種をつくる）

2　仲間を集める（火をつける）
3　周囲を巻き込む（火を炎にする）
4　抵抗勢力を除去する（完全燃焼させる）

どのプロセスに時間がかかるかは、組織の状態によって異なります。例えば、すでにやる気のある熱い人財が揃っているのであれば、仲間を集めたり、周囲を巻き込んだりするプロセスにすぐに取り組むことができます。残念ながら、熱い人財がいない場合には、まずはあなたの熱を共有できる人財を育てるところから始めなければなりません。抵抗勢力の除去に時間がかかることもあります。

各プロセスの特徴を理解して、適切な対応を行うことが重要です。各プロセスの詳細については、後述します。

・葛藤が熱になります

組織変革とは、熱です。その熱は、どこから来るのでしょうか。それは、組織を変えたいという想いです。変えたいという想いは、現状に不満があるから起こるのです。ただ、不満を抱いている だけの人は、ぶつぶつとくすぶっているだけです。組織を変えるだけの炎とはなり得ません。

理想と現実の間で、悩み葛藤する人が、組織を変える炎となり得ます。理想を実現したいと進めば、現実の壁にぶつかります。ぶつかれば、摩擦が起きます。この摩擦による熱が、組織を変える最初の熱です（図表10参照）。矛盾に悩み、理想を実現しようとする意志のないところに、変革は

【図表10　組織変革の源】

起こりません。

第2章でも述べたとおり、課題とはあるべき姿（夢・理想）と現実のギャップです。夢や理想のない人に、変革は起こせません。これが、くすぶっているだけの人と変革を起こせる人の違いです。ただ、漠然と今よりよくなればいいと願っているだけでは、何も変わりません。こうなりたいという明確な目標や目的が必要です。

夢だけを見ているのは、楽しいものです。あなたに都合の悪いことは、何1つありません。何でも叶えることができます。しかし、それは、空想です。現実の世界とは異なります。現実に目を向けて、しっかりと地面に足をつけて、踏ん張らなければなりません。夢と現実の両方を見据えてはじめて、課題が見えて、葛藤が起こります。

筆者は、実行支援を行う前に、事業調査や計画策定を行います。それは、経営者とともに、現状を確認し、あるべき姿を描く仕事です。組織を変えることができるのは、組織の内部にいる人だけです。認識を共有しないと、最初の1歩が踏み出せません。ここが、支援の難しいところです。

支援先の方々が、適切な認識をして、覚悟を決めないと、組織変革はできません。筆者がどんなに急かしても、人はすぐに変わることができません。焦ってしまうと、準備不足で上手くいきません。

一方、時間は有限ですので、いつまでも気長にというわけにもいきません。デッドラインを見ながら、支援先の方々が変わるように、手を打ち続けます。支援先の変化と、デッドラインの到来の間で、筆者は葛藤することになります。それも、筆者を動かす熱の1つになっています。

この葛藤は、組織を変えようとする人全員に訪れます。自分の想いと裏腹に、周りは動いてくれません。そのようなときでも、焦りは禁物です。葛藤を熱に変えて、じっくりと取り組んでください。

組織は、1度動き出せば、一気に変わっていきます。そのときを逃さないためにも、しっかりとした準備が必要です。熱を蓄え、仲間を増やし、機を逃さないようにします。悩むことは、悪いことではありません。前を向いて、やるべきことをやるだけです。あなたの行動が悩みを解決し、現状を変えていきます。

2　熱い人財を揃えましょう

・リーダーシップを発揮していますか

組織変革を成し遂げるには、仲間が必要です。あなたと想いを共にし、一緒に目的を達成する熱い人財が必要です。想いがあるだけでは、不十分です。リーダーシップを発揮して、組織を動かせる熱を持った人財が求められます。

筆者が企業支援を行う際にまず行うのが、熱い人財を探すことです。どの会社にも、１人はそのような方がいます。役職は関係ありません。会社の状況を認識し、課題意識を持っている方がいます。日頃は、口うるさい人だと、やっかまれているかもしれません。なかなか活躍の場を与えられずに、くすぶっていることもあります。現状を変えようとする人は、組織の中で厄介者になりがちです。組織に埋もれた火種をいかに見つけるかも、経営者の腕の見せ所です。ただ、口だけの人は、残念ながら人財ではなく、人在です。

両者の違いは、リーダーシップを取って行動できるかどうかです。リーダーシップは、先天的な特別な能力ではありません。場数を踏むことで、鍛えることができます。リーダーシップを発揮するためには、次の3点を行わなければなりません（図表11参照）。

⑴　決断をする

決断をするということは、リスクを取るということです。世の中に絶対に正しいということはありません。複数の選択肢の中から、最もよいと思われるものを選ばなければなりません。

決断をするためには、勇気が必要です。勇気のもととなるのは、自信や確信です。自分の中で、大丈夫という確信が持てれば、不安を打ち消して決断することができます。

自信や確信を生み出すには、熟考が必要です。様々な選択肢を吟味します。多面的にあらゆる可能性を考慮した上での決断です。情報を収集して、仮説を立てなければなりません。それは大変な

【図表11　リーダーシップ３本の柱】

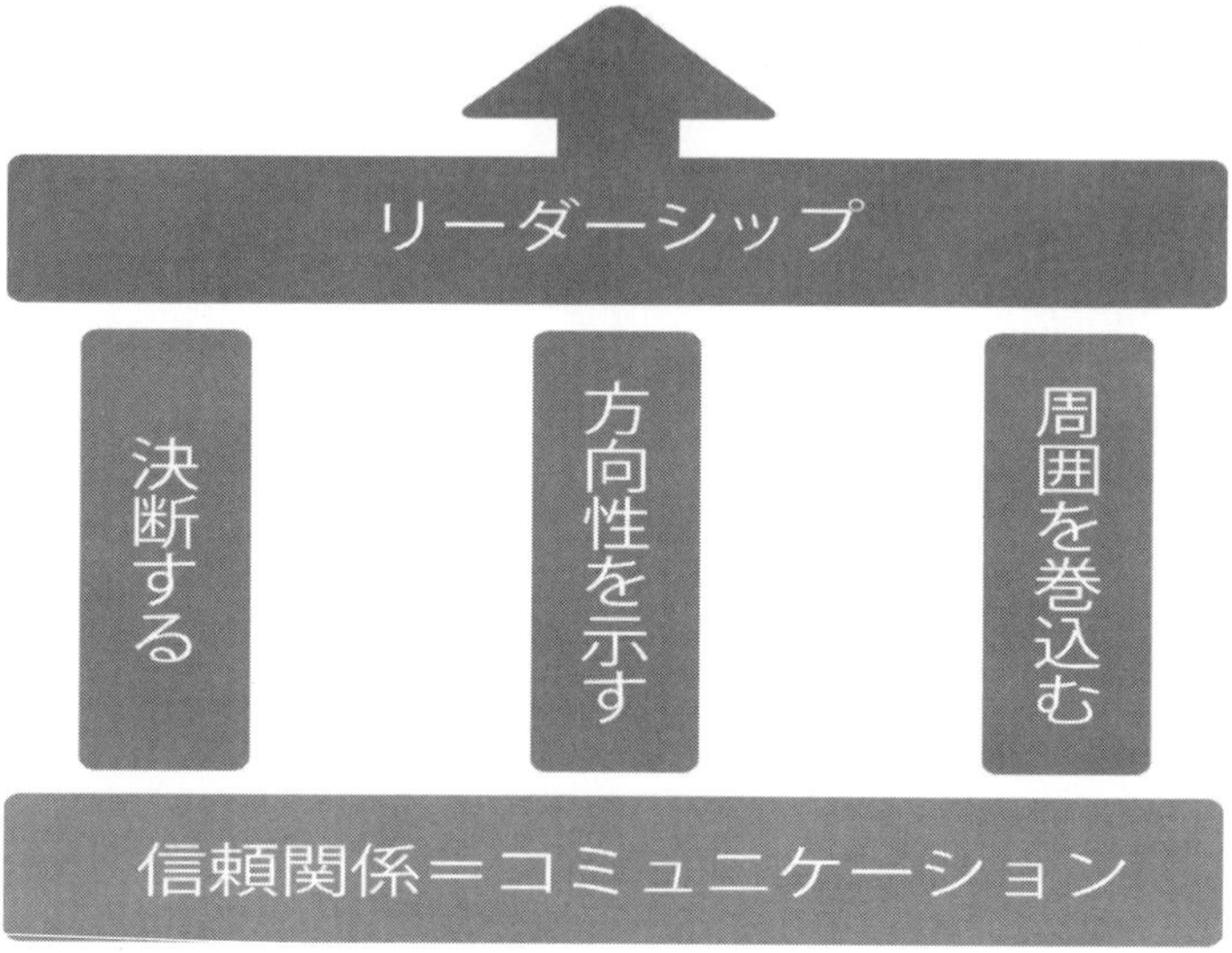

作業で、胃が痛くなることもしばしばあります。

それでも、責任と覚悟を持って、決断をしなければなりません。覚悟のない人に、組織は変えられません。

(2) 方向性を示す

人は、先行きがわからないときが、最も不安になります。想像力は、よい方向にも、悪い方向にも働きます。感情がネガティブであると、想像力も悪い方向に働いてしまいます。そうなると、悪循環が始まります。この流れを断ち切るためには、進むべき方向性を示さなければなりません。

また、現状に不満のない人たちは、リスクを冒してまで変革を求めていません。このようなときにも、新たなあるべき姿を示して、一緒に新たな道を進むようにしなければなりません。

⑶　周囲を巻き込む

優秀な人は、１人で何でもできます。それでも、１人でできることには限界があります。周囲を巻き込んで、チームで活動すれば、より大きなことができます。チームを引っ張って、目標を達成していきます。

周囲を巻き込むには、自分の想いを伝える必要があります。ただ話すのではなく、共感を得なければなりません。自分が正しいと思っていても、周囲の理解を得られないのであれば、組織は変えられません。

これら3点を実行するためには、信念・思考力・行動力・現場力の４つが必要です。これらについては、後述します。

また、リーダーシップを発揮する土台となるのが、信頼関係です。相手から信頼を得られるものは、２つあります。

1つは、あなたの人柄です。この人のためなら一肌脱ごうと思ってもらえるような魅力や徳です。まずは人として、相手のことを信頼できなければ、ついて行こうという気にはなりません。

もう1つは、あなたの専門性です。この人なら任せられると思ってもらえるようなプロフェッショナルの部分です。どんなによい人柄であっても、仕事ができなければ、安心して一緒にビジネスをやろうという気にはなりません。

信頼は、短期間に獲得できるものではありません。日頃のあなたの言動が評価されています。背中を見せるといいますが、先頭を走る者として、あなたの仕事に対する姿勢や成果をしっかりと示す必要があります。仲間とコミュニケーションを取って、意思疎通を図る必要もあります。コミュニケーションについても、後述します。

リーダーシップは、一朝一夕では身につきません。身についていたとしても、適切な場がなければ、発揮できません。組織の中に、場を求めている人がいる場合には、場を与えます。想いがあるものの、実力が伴わない人には、機会を与えながら育てていきます。大切に見守りながら、必要なときには手を貸します。

試練が人を成長させますので、過保護にならず、ときには追い込むことも必要です。組織を変える火種となる熱い人財を揃えることから、組織変革は始まります。

・信念を持っていますか

困難な状況下で決断を下し、実行していくには、信念が必要です。茨の道を進めば、傷つきます。失敗すれば、迷いが生じます。それでも立ち止まらずに、突き進んでいくためには、この道が正しいと信じることが不可欠です。正しいという信念が、進む勇気になります。

信念に数学的証明は必要ありません。状況に向き合い、自分の頭で考え抜いて、それが正しいと確信できればよいのです。その道の先に、大きな成果があり、自分の気持ちに嘘をつかないといえればよいのです。理屈ではありません。自分の価値観に基づいて、最善と思えることを信じて行います。

信念とは、逆境にも負けない強い想いです。自分に嘘をつくような想いでは、いざというときに折れてしまいます。見栄を張って、格好よいことをいう必要はありません。自分の気持ちを大切にします。

ただし、信念と盲目は紙一重なので、注意が必要です。何とかしたいと思いあまり、都合の悪い現実から目をそむけてしまいます。このような態度は、現実逃避であり、信念ではありません。熱い想いを持ちながら、冷静な理性を働かせなければなりません。

信念を持った人には、独特の迫力があります。信念があると、体に芯が通ります。恐怖に対しても怯むことなく、１歩前に出ることができます。それが、迫力につながります。この姿勢が、周囲を動かします。

どんなときでも信念と自信を持って、困難に突き進むことが大切です。ビジネスは、失敗の連続です。最終的な成功を収めるまでに、数多くの失敗があります。諦めずに、つまずいても進み続けなければなりません。

そのために必要なものは、度胸や根性ではありません。必要なのは、相手の課題解決をしたり、社会を豊かにしたりと、自分の行いに価値があると、心の底から信じることです。

自分の行いに迷いがあっては、１歩踏み出すことができません。しかし、失敗が続くと、想いにブレが生じます。そのようなときに、次の１歩を踏み出すには、自信が必要です。

自信は、成功によって生まれます。小さな成功を積み重ねることで、自信も積み重ねることができます。反省をする際には、悪かったことを改善すると同時に、よかった点を明確にすることも必要です。そして、どんな小さな成果でも、成果と評価して、自信へとつなげます。

信念とは、その人が生まれ育った中で身につけた価値観が結晶化したものです。どのような人と出会い、どのような経験を積んだかで、価値観は変わってきます。人と人は、出会うべくして出会います。必要なときに、必要な人が現れるものです。それは、あなたの価値観が、人を引き寄せるからです。袖振り合うも多少の縁といいますが、名刺交換だけでは、ご縁はつながりません。相手のことを理解して、お互いのフックが引っかかって、初めてご縁が生まれます。

自分に何ができるのかを明確にして、相手は何を欲しているのかを理解します。せっかく出会っても、お互いのフックが合うことに気がつかなければ、そのまますれ違ってしまいます。自分自身と向き合って、価値観を研ぎ澄ませていくことが、信念を持つ第1歩になります。

・考え方を高めましょう

どんなに熱い想いであっても、自分勝手な理論では、人を動かすことはできません。正しい考え方を持つ必要があります。正しい考え方とは、論理的思考性と道徳的考え方です。論理的思考性については、前章でお話したとおりです。わかりやすく伝えるというのは、自分の組織を動かす上でも使える技術です。

道徳的考え方を別な言い方にすれば、他人に迷惑をかけないということです。人は1人では生きていくことができません。ビジネスには、必ずステークホルダー（利害関係者）がいます。多くの人にお世話になりながら、あなたの仕事は成り立っています。

お世話になることと、迷惑をかけることは異なります。どちらも相手に負担をかけますが、違いは感謝の気持ちの有無です。ありがとうの反対は、当たり前です。相手に何かをしてもらうのが当然と思っていると、相手に負担をかけていることに気がつきません。一方的に自分の要求をするだけの迷惑な存在です。相手に対する配慮があれば、自然と感謝の気持ちが生まれます。受けた恩を返そうとします。恩を受けた人に直接恩返しができないかもしれません。そのときは、他の困っている人を助けることで、恩返しをします。そうすることで、社会全体がよくなっていきます。

迷惑をかけないためには、自己責任を取ることも必要です。自己責任は、便利な言葉です。この一言で、相手に有無を言わさず責任を追及できます。しかし、これは誤った考え方です。自己責任とは、他者ではなく自分自身に求めるものです。自分が責任も取れないのに、安易に相手に求めてはいけません。

責任を取るということは、最後までかかわるということです。辞職をしても、責任を取ることにはなりません。結果が出るまで、何らかの形でチームに貢献しなければなりません。自分の力が及ばなければ、他の人に変わってもらうこともあります。変わってもらったので、あなたの役目はおしまいということではありません。それまでの経緯を説明する責任があります。メインでなくとも、自分にできることをやり続けます。

ときには、完全に身を引くことが、チームにとって最大の貢献となることもあります。そのときには、黙って任せるのも、立派なかかわり方です。最後まで自分の都合を通して逃げ続けるのは、格好悪い最後です。

・行動力を高めましょう

評論家はいらないといわれます。素晴らしい想いや考えも、行動に移さなければ意味がありません。情熱的な人ほど、行動量も多いものです。アイデアは、実行することで形になります。そのことを誰もがわかっているからこそ、考えるだけで行動もしない人が評論家と揶揄されます。

正しい思考と行動は、ワンセットです。どちらが欠けても、成果は出ません。人が嫌がることでも率先して行うからこそ、その背中に人はついていきます。自分だけ安全なところにいて、指示だけ出しても、人は動きません。

行動に移すのをためらう人がいます。行動したら、結果が出てしまうからです。よい結果ならば問題ありませんが、悪い結果であれば恥ずかしい思いをします。恥ずかしい思いをするくらいなら、その可能性があるならば、行動しないほうがましと考えてしまいます。

しかし、可能性は潰すためにあります。実行に移さないアイデアを多数持っていても、何の意味もありません。1つずつ可能性を試していきます。上手くいかなければ、他の方法を試していきます。失敗から学んで、成功するまでやり続けることが重要です。

行動量と心理状態は、密接に結びついています。情熱的な人ほど、活発に行動しています。反対に、何もしないで怠惰に日々を過ごす人もいます。やることがないと、だんだん物事が億劫になってきます。億劫になってくると、ますます動くことが嫌になります。そうして、何もやらないだけでなく、何かをすることに抵抗するようになります。

この負のスパイラルを断ち切るためにも、行動に移すことが必要です。行動して、結果を出して、それを元に考えを変えていく。そうしなければ、現状は何も変わりません。

言っていることとやっていることが違う人も、他人を動かすことはできません。言葉と行動が食い違ってしまう原因は、２つあります。

１つは、見栄を張ってしまうことです。できもしないのに、できると言ってしまうことです。できると言い切った後で、努力をして、本当に実現できれば問題ありませんが、力及ばずとなると、言動が一致しません。できないことは、できないと言う勇気も必要です。

もう１つは、本音を隠してしまうことです。腹の中ではＮＯと言いながらも、承諾してしまうことはあります。いやいやながらも、実行できればいいのですが、いざやろうとすると、嫌な気持ちが勝って動けないことがあります。そうなると、言動が一致しません。嫌なことは、嫌と言う勇気も必要です。

人を動かしたいのであれば、まず自分が動きます。それも楽しそうに動きます。トムソーヤのペンキ塗りのエピソードのように、楽しく動く姿が、人の興味を惹きつけます。人は、興味を持ったことには率先して取り組みます。難しい顔をして論を説くよりも、楽しい顔をして行動したほうが、周囲を巻き込むことができます。

・現場力を高めましょう

答えは現場にあるといわれます。使い古された言葉ですが、今でも輝きを失っていません。あなたは、常に全体を把握して、先を見ていなければなりません。今後の方針や進むべき方向を示すことができなければ、会社として先に進むことができません。

進むべき方向に迷ったときには、経営理念やコンセプトに立ち返ります。コンセプトにある「ターゲット顧客」に最も近く、「価値」を提供している場が、まさに現場です。そのため、現場には答えが眠っている可能性が高いのです。

現場は、あなたの想いが最も具現化された場所です。現場であなたの想いは、商品やサービスとなります。顧客接点において、想いが利益に変わります。この変換プロセスに問題があると、経営は成り立ちません。現場で起こっている個別の問題の真因を突き止め、全体最適の解決策を導き出すのが、リーダーの務めです。

そのためには、現場に足を運んで、自分の目と耳で情報を集めなければなりません。現場の声は、参考になりませんか。確かに、現場の人たちは、経営者のような高い視点は持っていないかもしれません。それならば、現場の意見に、あなたの知見をプラスすればよいのです。

経営は、１人で行うものではありません。各々が自分の役割を果たすことで、会社は成り立っています。各自の役割は、経営理念やビジョンが具現化されたものです。与えられた役割や実際の業務が、経営理念と反していれば、誰でもわかります。何がどう間違っているのか説明できなくとも、感覚で違うとわかります。

この感覚を大切にしなければいけません。虫の知らせといいますが、現場では異変がいち早く感じられます。その異変に早く対処すればするほど、よい結果がもたらされます。筆者が支援先の現場の声を必ず聞くのは、そこにヒントや答えがあるからです。現場に行って、目線を合わせて、みなさんの声を聞くことで、次の一手が見えてきます。

役職の階段を昇るにつれて、現場から離れてしまう人が多いのは、残念なことです。自分は現場を卒業したという自負かもしれません。それは、誤った自負です。現場を知らなければ、現場の信頼は得られません。信頼を得られなければ、リーダーシップは発揮できません。リーダーとフォロワーは、役割が違うだけで、仕事の優劣はありません。そこを勘違いしてはいけません。

また、自分の地位を守ろうとして、周囲をイエスマンで固めてしまう人もいます。そうすると、現場の声は届きません。あなたに都合の悪い情報を伝えると評価が下がることを理解した人は、あなたに都合のよいことしか伝えなくなります。そうなると、顧客も商品も何も見えなくなります。ただ、自己満足の世界に浸っているだけです。自分の都合ばかりが優先され、誰も幸せにすることができません。そのような人に、リーダーの資格はありません。

現場と一体になって、組織を引っ張っていけるリーダーのみが、組織を変えることができます。

3 仲間を増やしましょう

・人は変わることに抵抗します

熱い人財が揃ったら、組織変革に向けて動き出します。彼ら彼女らは、プロジェクトの核となる人財です。必要な役割をコアメンバーだけで担えれば問題ありません。

人員が足りないようであれば、仲間を増やす必要があります。役割を任せられる人を探して、勧誘をしていきます。心よい返事をもらえればいいのですが、なかなか上手くいかないこともあります。むしろ、断られるケースのほうが多いものです。なぜならば、人は変わることに抵抗をしますし、厄介事に巻き込まれることを嫌がるからです。長年勤務している人ほど、この傾向が強くなります。

人には、自己防衛機能があります。自分が傷つきそうなことは、避けて通ろうとします。過去の失敗は蓄積されて、パターン化されます。パターン化されることで、人は効率的に判断をすることができます。少ない情報を元に、判断を行うようになります。

パターン化することには、弊害もあります。思考回路が凝り固まってしまうことです。行う前から結果が予想できるので、挑戦をしなくなります。失敗するとわかっていて労力をかけることは、無駄なことと考えます。無駄な挑戦をするよりも、慣れた現状のままでいるほうが快適です。このような思考回路においては、変化は、ハイリスク・ローリターンでしかありません。

変化に関するコストは、大きいものです。せっかく効率的にパターン化したものを、すべて捨てなければなりません。最近、Windows10がリリースされました。最大の変更点は、デスクトップ画面の左下にスタートメニューが戻ったことです。

スマートフォンやタブレットでの使用を意識したWindows8では、アプリなどが全画面に表示されるようになりました。スマートフォンなどでは使いやすいのかもしれませんが、パソコンでは操作方法が変わってしまい不便でした。そのため、ユーザーから不満が出て、この方式は変更されました。

マイクロソフトとしては、ユーザーのニーズに応えたつもりでしたが、操作方法変更に対する抵抗までは考慮しきれなかったようです。そもそも、パソコンを利用する目的とスマートフォンを使用する目的が異なることも、見落としていたようです。

変わろうとしない人を責めても仕方ありません。むしろ、変わろうとしないほうが普通と考えるべきです。無理やり変えようとすれば、強い抵抗や反発を招きます。短期間に変えようとするのではなく、半年から1年はかかると覚悟してください。これは、１人の人が変わるのに要する時間です。組織全体が変わるには、さらに時間がかかります。

筆者の支援事例では、３か月というのが組織全体が変わった最短記録です。早くてもそれくらいはかかります。焦らずじっくりと取り組む必要があります。人の変化を促す方法は、これから説明しますが、人は変わらないものだということを理解しておいてください。

・コミュニケーションを取りましょう

変化を拒む人を説得するには、コミュニケーションを取るしかありません。人は変わらないものですが、新たな視点や考え方を得ると、変わることができます。あなたが組織をどのように変えていきたいのかを、伝えなければなりません。

経営理念やビジョンなどは、組織の末端まで浸透させなければいけません。経営方針も全員が知っていなければならないことです。

こうしたことは、何度でも徹底して伝えます。耳にタコができるだけでは、不十分です。相手が内容を理解して、納得するまで、伝えなければなりません。ある種の根比べです。

ただし、同じ話を繰り返していたのでは、相手は飽きてしまいます。何回繰り返しても、右から左に聞き流されていたのでは、いつまでたっても相手は変わりません。伝え方には、工夫が必要です。事例などを交えて、主題は同じであっても、違う話であるかのような新鮮さを持たせます。相手の言葉で、相手が理解できるように話します。偉そうに難しく話すのではなく、相手が理解できるように簡単に話さなければなりません。

喩え話として、格言や有名なエピソードを使用する際には、注意が必要です。昔から言われているだけあって、内容は素晴らしいものです。ただし、誰もが知っているため、人を動かす力は弱いです。

他人の言葉を借りるだけでは、人を動かすことはできません。自分の言葉で、自分の想いを伝えてこそ、人を動かすことができます。他人の言葉を自分の言葉のように話すのが上手い人がいます。どんなに上手に話したとしても、相手がその内容を知っていたら、借り物であることがわかってしまいます。また、借り物の言葉をそのまま話すと、相手はすぐに借り物であることを感じ取ります。そうすると、話し手に対する信頼感が損なわれます。

自分の言葉で話すというのは、難しいことではありません。感じたことや想いを率直な言葉にすればよいのです。多少表現が稚拙であったり、言葉遣いが乱暴であったりしても、内容（想い）が伝われば問題ありません。変に格好つけるよりも、率直に自分の言葉で伝えることが、大切です。

率直に伝えるのが苦手という方もいます。相手のことを考えると、傷つけないように婉曲的な表現を使います。ほのめかすように伝えたり、自分で気づいてもらえるように伝えたりします。相手と今後も良好な関係を維持したいからこそ、率直な表現を避けます。

しかし、率直に言わなければ、伝わらないこともあります。相手との関係を強化しようと思ったら、腹を割って話をしなければなりません。建前ではなく、本音がわかるからこそ、相手のことを信頼できるようになります。また、相手に本気で変わってもらいたいときにも、率直に伝えます。基本的には、コーチングのように、相手が自分で気づいて変わってもらうことが一番ですが、相手がまったく気づいていないときには、ガツンと言うことも必要です。

このようなとき、筆者は、言葉そのものよりも、本気度や熱意を伝えるようにしています。それが伝われば、相手もきっとわかってくれると信じています。

大切な相手に嫌われたくはありません。それでも、相手のことを思えばこそ、あえてきついことを言わなければならないときは、必ずあります。言わなければいけないときに言わないのは、優しさではありません。ただの自己保身です。

率直な言い方ができるようになるためには、相手との信頼関係が必要です。信頼関係を築くためには、相手に愛情を持つことが必要です。ビジネスで相手に愛情を伝えるというと、変な感じがします。しかし、見方を変えると、それほどおかしなことでも、難しいことでもありません。

愛情の反対は、無関心といわれます。つまり、相手に対する関心を伝えていけばよいのです。まずは、相手の顔を見たら、挨拶をすることから始めます。きちんと相手のことに気がついているということを伝えます。このとき、相手の好きなこと（家族・趣味など）を話題にできれば、より相手のことを思っていることを伝えられます。

相手に関心を持って接すれば、いろいろなよいところが見えてきます。それを感謝という形で伝えます。本人が気がついていないよさを伝えてあげられれば、より効果的です。

最後に、相手が悩んでいれば、こちらから声をかけます。悩みを自発的に相談されるくらいの関係が築けていると理想的です。こちらの考えを押しつけるのではなく、傾聴をして、相手と一緒にいることを伝えます。

仕事仲間は、ビジネスだけの関係と考えている人もいるかもしれません。ビジネスとプライベートを分けることは構いませんが、相手はどちらも人間です。人間は感情を持っています。このことを忘れてはいけません。相手を1人の人間として尊重して、本音でコミュニケーションを取らなければ、人を動かすことはできません。

・朝礼を活用しましょう

経営理念やビジョンなど、大切なことを共有する場として、朝礼は欠かせません。大切なことは、相手が理解するまで何度でも伝えます。とはいえ、伝えるほうも毎日同じ話をするのは疲れます。また、何度も同じ話をする機会をつくるのも大変です。

そこで、朝礼が必要なのです。朝礼であれば、毎日行ってもおかしくありません。朝礼の形式として、冒頭に経営理念の唱和を行うといったことも可能です。また、訓話として、大切なことを伝えることもできます。ただし、ただの繰り返しや偉そうな話が、相手の心に響かないことは、先に述べました。相手の興味を引くような工夫が必要です。

人は、自分の興味のあることしか理解しません。相手の言葉で話すというのは、相手の興味のある分野のことがらを話すということでもあります。

そこで、自分の伝えたい内容を、相手の興味分野に合わせて話します。必ずしも仕事に関する必要はありません。インターネットで見た記事の中に、量販店を辞めたいと申し出た新入社員に対して、ゲームの喩え話をして引き止めた例がありました。ゲームも最初はやり方がわからないのでつまらないが、ルールや自分なりの攻略法を身に付ければ面白いという喩えを使って、まずはやり方を覚えるまで働き続けることを伝えています。このように相手に合わせて話すことで、新鮮味があり、相手が興味を持てるようになります。

朝礼で話すことがないから、毎日行わないというのは怠慢です。話す相手の数だけ、興味分野があります。それぞれに合わせて話していれば、話題が尽きることはありません。毎日、話を変えながら、大切なことを伝え続けていきます。相手の理解度が高まったら、相手に話をしてもらうのも一手です。

仕事の中で、経営理念やビジョンなど会社の経営方針に沿った行動ができたら、そのエピソードを話してもらいます。何も話せないということは、相手が理解できていないか、共感して一緒に働く気がないかのどちらかです。話をさせることで、その人の理解度を把握することもできます。

朝礼が想いを伝える場として望ましいのは、1日の始まりであるということもあります。業務を開始するに当たって、自分が何をすべきかを再度確認することができます。チームとして意識を合わせて、一緒に頑張ろうという気持ちを高めていきます。自分の役割を理解して、正しい判断基準のもとに仕事ができれば、これほど素晴らしいことはありません。朝礼は、毎日その準備をする場として、活用しなければなりません。

食品販売業を営むR社では、経営者夫婦が会社をよくしようと、日々努力していました。2人で一生懸命働くものの、なかなか業績は向上しません。そこで、従業員の意識を高めるために、毎朝朝礼で自分たちがどのようなお店にしたいのか、どのような商品を販売したいのか、従業員にどのような役割を果たしてもらいたいのかを伝えることにしました。

当初は、忙しいことを理由に、朝礼の開催を拒んでいました。従業員の方々も朝の忙しい時間に迷惑そうでした。しかし、毎日続けることで、少しずつ従業員にも経営理念やコンセプトが浸透してきました。それに合わせて、働き方も変わり、顧客の反応も変わってきました。

その結果、前年同月比１０５％～１１０％で売上が推移しています。今では、シフトに合わせて１日２回朝礼と夕礼を行っています。

・会議を活用しましょう

悪い会議ほど時間の無駄はありませんが、よい会議ほど経営をよくするものはありません。

会議とは、誰かの演説を聞く場ではありません。言い訳を並び立てて、自己保身をする場でもありません。延々と資料と読み上げるのも、意味がありません。よい会議とは、建設的な議論が行われて、何かを決める会議です。

よい会議にするためには、これからの話を議論しなければいけません。これからの話とは、戦略や方向性、計画、改善策などです。今後会社をどのようにしていくのかを議論する必要があります。

もちろん、これからの話をするためには、現状分析や原因分析を行う必要があります。そうした分析結果を共有することも大切なことです。しかし、分析は過去の話であり、未来の話をするためのツールの１つです。過去の話に終始していたのでは、決める会議ではなく、報告会になってしまいます。過去の話は、資料を用意しておいて、要点の説明に留めるべきです。その上で、これからどうするのかを議論しなければなりません。ＰＤＣＡサイクルを会議の場で回していきます。

会議におけるＰＤＣＡサイクルは、次のとおりです。

(1) 計画作成（P＝Plan）

数値目標や課題目標、行動目標を設定します。目標には、月次目標など一定期間を設けるものと、修正目標のような臨時のものがあります。計画をその場で「決める」ことが大切です。

(2) 実行（D＝Do）

会議そのものではなく、日々の活動になります。

(3) 結果検証（C＝Check）

進捗（結果）報告を行います。このとき、要点のみを報告するようにすると、会議時間の短縮化が図れます。また、計画（目標）との差異をきちんと把握しなければいけません。

(4) 改善（A＝Act）

結果の原因を検証します。すべての事象について行うのではなく、計画（目標）との差異が大きい項目や成功事例などに絞って行ったほうが、会議時間の短縮が図れます。

原因が究明されたら、その対策を考えます。また、修正計画やどのように未達分を取り返すかの議論も必要です。

有益な会議のためには、次の5箇条を守らなければなりません。

⑴　きちんと準備をする

事前に議題を決めて通知しておきます。配付資料を必要部数印刷し、用意しておきます。もちろん、資料の抜け漏れはないようにします。

発表者が直前に用意をして慌てたり、準備不足で会議の場でしどろもどろになったりすることは、避けなければなりません。

⑵　解決策に注力する

できなかったことをいつまでも責めていても、何も始まりません。どうすれば問題を解決できるかに注力します。

その過程で、失敗の原因を究明する必要があれば、きちんと対応します。

⑶　ファシリテーションをきちんとする

議論からずれた話が延々と続くことのないよう、きちんとファシリテーションをします。誰かが1人で話し続けるようなことも避けなければなりません。

⑷　読めばわかることは資料にする

報告会にならないためにも、読めばわかる資料を作成し、それに目を通すようにします。発表では、要点をまとめるか、補足説明をするにとどめます。

⑸　何かを決めて終わる

会議は、何かを決める場です。結論が出ないまま終わることのないよう、何らかの結論を得るようにします。

会議の成否は、事前準備と当日の進行にかかっています。上手い進行をする上で助けになるのが、ホワイトボードです。事前に準備された資料だけでなく、ホワイトボードを活用することで、論点を明確にしたり、記録を取りやすくしたりすることができます。

ホワイトボード活用のポイントは、次の4点です。

(1) 右上に議題を書いておく

会議の始めに、本日の議題を確認します。そして、右上にメモをしておきます。こうすることで、何を決めなければいけないのかが明確になり、脱線しても戻ることができます。

時間厳守の場合は、各議題の所要時間も明記しておくと効果的です。

(2) 議論の内容を図示する

業務改善を行うときなどは、既存のプロセスを図示するところから始めます。その上で、どこに問題があるのかを記載していきます。こうすることで、問題点を俯瞰することができます。

その他、表を書けば、内容を整理することができますし、ガントチャートを書けば、スケジュールを確認することができます。言葉だけで議論をするよりも、論点が明確になります。

(3) 論点を書き出す

問題の原因や解決策が複数あるときは、すべて書き出してしまいます。その上で、1つずつ検討していきます。こうすることで、議論の抜け漏れがなくなります。

また、論点の階層を明示することで、ボタンの掛け違えのような議論を防ぐことができます。

(4) 決定事項を書き出す

会議で決まったことも、すべて書き出すようにします。やるべきことは、誰が、何を、いつまでに行うかを明示します。

スケジュールも図にして書くとわかりやすいです。工夫して書けば、写真で撮ったものがそのまま議事録になります。

ところで、何かを決めることと、活発に意見を出すことは同じではありません。どんなにたくさんの意見が出たとしても、それらを収束させて、結論が出なければ、決める会議にはなりません。

もし、意見が活発に出ていて、その中に間違った意見はないが、それでも結果が出ないというときは、次の2点を確認してみてください。

(1) 前提条件としている事柄が同じかどうか確認する

前提条件が異なれば、判断も異なってきます。今議論している内容の前提条件は何か、1度立ち止まって確認してみてください。

論点の階層が異なる状態で議論を行っている場合もあるので、注意が必要です。例えば、「利益向上」について議論する際に、「販売促進を強化するか」「人員削減をするか」で会議がもめているような場合です。

どちらも、「利益向上」を意識していますが、前者は「売上拡大」を、後者は「コストカット」を前提として話をしています。そこで、具体的方策から階層を1つ上げて、「売上拡大」か、「コストカット」か、とを利益向上のための方向性としてどちらを採用すべきかを議論します。もしくは、各具体論について、「売上拡大」と「コストカット」の視点から分けて議論をします。

(2) 関連しているが関係ないことを話していないか確認する

議論が進んでいくうちに、論点がどんどんと展開されていくことがあります。その結果、関連してはいるが、元の論点とは異なっていることがあります。現在の論点が元の論点とずれていないか確認をします。特に、話好きな方やアイデアが豊富な方がいるときは要注意です。よい意見だと思っているうちに、論点がどんどんとずれてしまいます。

このように関連していて大事なことは、パーキングロットに書いておきます。パーキングロットとは、ホワイトボードの端などに設けられたメモのためのスペースです。いったんパーキングロットに保留にしておいて、元の論点に戻るようにします。パーキングロットがすぐにいっぱいになるようでは、いつまで経っても結論が出ません。結論を出すために必要な項目に論点を絞る必要があります。

・協力体制になった人の変化

コミュニケーションを密に取り、お互いの立場や考え方を理解できると、徐々に協力してくれる人が増えてきます。全面協力といかないまでも、こちらの要望を聞いてくれたり、妥協点を一緒に見つけたりできるようになります。組織が変わる萌芽の瞬間です。

このような変化を見つけるのは、とても楽しいことです。この芽はとても小さなものですが、言動に注意しているとすぐに気がつくことができます。

協力体制になった人には、次のような変化があります。

⑴　言い訳しなくなる

端から協力したくない人は、とにかくできない理由を並べていきます。できない、やりたくないと思っているので、理由はいくらでも見つかります。ああ言えばこう言うで、何を提案しても、反対してきます。

ところが、協力しようと意識が変わると、このような言い訳が不要になります。相手を拒絶するのではなく、受け入れて一緒に働こうとします。会議などで、言い訳を並べ続けている人は、まだ本心では協力体制になっていません。言い訳の量を見ていると、どの程度協力する気になってきているかがわかります。

特に、時間がないという言い訳がなくなります。時間がないというのは、時間をつくりたくないと同義です。その人の中で優先順位が低いと、わざわざ時間を割こうとしません。割ける時間がないので、協力できないというロジックです。

時間は、与えられるものではなく、つくるものです。本人がやると決めれば、いくらでもつくり出すことができます。それまで多忙だった人が、協力体制になった途端にスケジュールを確保できるということはよくあります。

(2) 発言が建設的になる

言い訳をしなくなると、今度は実行するための方策を考えるようになります。どのようにすればできるかを議論し始めます。それまでの否定的な発言は鳴りを潜めて、建設的な発言になります。ここまで来ると、完全に協力体制になっています。

食品スーパーマーケットを営むS社では、従業員が毎週売場を変更することに猛反対していました。限られた人員で作業をしているために、これ以上の負荷は耐えられないというのが、現場の言い分でした。それでも、社長や店長を中心に、売場スケジュールを作成して、定期的に売場を変更していきました。

その結果、客単価が向上し、売上が増加しました。それまで定番で動かなかったものも、売場を変更することで売れるようになりました。実際に効果が出たことで、現場の考え方も変わり、言動も変わりました。

先日、店舗を訪問していた際に、反対派であった精肉部門のチーフに声をかけられました。「先生、売場は3日で変えないとダメです。消費者は飽きが来るのが早いので、3日目には反応がなくなってしまいます」。

筆者は、この発言を聞いて驚きました。週1回の変更を拒んでいた方が、週2回の変更を自ら行っていたのです。この発言を聞いて、この会社は本当に生まれ変わることができたのだと確信して、嬉しくなりました。

(3) 細かいところに意識がいく

組織全体に熱が回って、ベクトルが合ってくると、だんだんと細かいところに意識がいくようになります。筆者の経験上、細かいことに取り組むには、余裕が必要です。日々の業務に追われているような状態では、細かいことまで意識が回りません。組織が安定してくると、余裕ができて、細かいところに着手できるようになります。

印刷業を営むＴ社の営業会議は、いつも殺伐としていました。常に数字を発表させられ、未達の人は吊し上げられていました。

そのような会議形式から、ＰＤＣＡサイクルを回す会議に変更したことで、徐々に全員の売上が増加してきました。チームとしても予算達成が当然となり、会議の雰囲気も建設的で、熱を持ったものになりました。

ある日の会議で、１人の主任が、挨拶運動の提案をしました。それまでＴ社では、メンバーが顔を合わせても挨拶をすることがありませんでした。朝会ったら挨拶をするというのは、社会人として当たり前のことですが、業績が低迷している頃は、そのような雰囲気ではありませんでした。

業績が安定して、心に余裕が出てきたことで、当たり前の挨拶ができていないことが、気になるようになりました。チームで協力して売上をつくっているにもかかわらず、コミュニケーションの基本である挨拶ができていないという問題点に自ら気がついたのです。

挨拶と売上は、直接的には関係ないかもしれません。それでも、挨拶という基本をきちんと行うことで、チームの雰囲気がよりよくなり、協力体制が強化されます。チームで協力するので、個人ではできないことに取り組むことができるようになりました。小さな行動を意識できる余裕を持つことで、より大きなことに挑戦することができます。

4　周囲を巻き込む

・全体の2割を超えると組織は動き出します

組織を動かすには、エネルギーが必要です。どんなに正しいことを行っていても、少数派では組織全体を動かすことができません。大きなものを動かすには、多くの人の協力が必要です。

筆者の経験上、協力者が全体の2割を超えると組織は動き出します。2割という数字に根拠はありませんが、これくらいの規模になると、組織の中で存在感が出てくるようです。

日本人の特性として、他の人も行っているのであれば、自分も参加することがあります。存在感が出れば、みんな参加しているという大義名分を使用しやすくなります。大義名分ができると、様子を見ていた人も参加しやすくなります。こうして、傍観者から当事者になる人が増えていきます。

組織を変えるのは、当事者です。傍観者や評論家がいくらいても、組織は変わりません。傍観者や批評家もすべて巻き込んでいくことが、リーダーの使命です。まずは、身近なところから仲間を増やしていきます。

他部門などを巻き込むにも、２割を超えたら、他部門などの周囲も巻き込んでいきます。

を巻き込むためには、行動力とコミュニケーションが必要です。ただし、距離のある相手などの事前調整も必要になります。それなりの策が求められます。正面突破だけが正解ではありません。根回し例えば、数を集めるというのも、傍観者のルールにかなっている方法です。相手を変えるには、相手のやり方に合わせることも大切です。

組織全体を変えるためには、リーダーがハブとなって、各部門が連携をしなければなりません。連携の端子となるのが協力者です。組織全体をカバーするためにも、２割の規模が必要です。端子となる人は、リーダーの考え方を共有し、伝えられる人でなければなりません。説明をすることと、熱を伝えることは異なります。リーダーと同じ熱を持った仲間が必要です。

仲間が全体の２割を超えると、自然とよいスパイラルに入っていきます。それまでは、焦る必要はありません。焦って準備不足のまま動いても、玉砕されてしまうだけです。せっかく集めた仲間の士気も下がり、また1からやり直しということになりかねません。

どんなに優秀な人であっても、１人でできることには限界があります。なかなか活動が実を結ばないのであれば、仲間づくりに注力すべきです。変わるときは一気に変わります。それまでは、成功事例を集めて、組織に発信することを繰り返します。成功事例につられて仲間になる人が増えれば、組織は自ずと変わります。

・共通点を見つけましょう

組織には、様々な利害関係があります。組織が硬直化していればしているほど、自分の部門のことしか考えられなくなります。

相手の要望を受け入れたら、自分が損をすると考えている状態では、協力体制を築くことはできません。部門の壁を取り払って、win-winの関係を目指します。

そのための第1歩が、共通点を見つけることです。同じ釜の飯を食べた仲間という表現がありますが、共通点があると組織の絆が強まります。共通点はお互いの内外に見出すことができます。

お互いの中にある共通点というのは、コミュニケーションを取る中で見つかります。仕事に対する姿勢であったり、プライベートの趣味であったり、同じことを考えていたということがあります。

業務上においては、対立をしていても、根底の部分でつながっているというのは、互いの親近感を高めます。飲みニケーションといわれますが、たまにはお酒を酌み交わしながら、熱く語り合うのも悪くありません。

ランチルームや喫煙ルームで情報交換ということもあります。通勤途中に一緒になって、言葉を交しているうちに、仕事の話で盛り上がることもあります。いずれの場合も、まじめに話そうとするよりは、フランクな感じのほうが効果的です。お互いに胸襟を開けて、本音で話すことで、信頼感が増します。

会社として、意図的にこのような場を設定することも可能です。京セラの稲盛会長が、車座になって、お酒を酌み交わしながら従業員と語り合ったエピソードは有名です。

社員旅行や運動会を復活させる会社も出てきました。そこまでできなければ、会議をフランクに運営するという方法もあります。机を取り払うだけでも、お互いの壁は少なくなります。ソフトドリンクやお菓子などがあると、緊張感が和らぎます。ネクタイを外したり、私服で参加したりする方法もあります。

目的に応じて、会議の運営方法を変更することは可能です。決める会議と、交流する場を使い分けると、組織の関係性の改善に役立ちます。

お互いの外にある共通点というのは、組織全体の目標です。経営理念やビジョン、コンセプトは、ここでも役に立ちます。仕事のやり方や役割分担は異なっても、共通の目標に向かって進んでいれば、連帯感が生まれます。自分の部門のことだけを考えているうちは、相手と協力しようと考えられません。

そこで、思考のレベルを1段上げる必要があります。自部門だけでなく、会社全体の利益や目的を考えると、問題は対立する論点ではなく、解決すべき課題になります。

製造業を営むU社では、関係性の強化にともなって、製販会議を始めることができるようになりました。支援当初は、営業と製造の仲が悪く、議論ができる雰囲気ではありませんでした。そこで、筆者が間に入って、お互いの要望を伝え、それぞれの会議で議論をするということを続けていました。

支援が進むにつれて、U社の方々の意識が建設的で協力的なものに変わってきたので、直接議論をしていただくことにしました。ターニングポイントは、共通目的ができたことです。それまでは、お互いに責任の擦りつけ合いをしている状態でした。それぞれの都合を優先させていて、組織として前に進みませんでした。

そこで、組織としての目標を再度確認しました。売上を増加させて、利益を確保しなければなりません。必要売上高を達成するために必要な受注数を算出して、目標設定をしました。

現在では、受注を増やすという目的に向かって、どうすれば受注を増やせるか、増えた受注をどのように処理するかについて、建設的な議論ができるようになっています。

具体的には、製造側のスケジュールを見える化して、案件受注の可否を判断したり、技術者が営業に同行して、顧客の前で詳細を詰めたりするようになりました。どうすれば受注が増えるかという共通目的に向かうことで、こうしたアイデアが出てきました。

製販が協力し合うことで、製造スケジュールも平準化されました。スケジュールが平準化されたことで、納期遅れもなくなり、品質もよくなりました。相手にできない理由を求めるのではなく、共通の目的に向かって自分ができることを考えることで、目標を達成することができました。

・部門間連携を図りましょう

会社として効率よく利益を出すためには、全体最適が不可欠です。長所伸展が基本ですが、ボトルネックがあると、そこで成長が止まってしまいます。ボトルネックを解消するために、部門間で横串を刺しながら、共通目的に向かってベクトルを合わせていきます。全員が同じ方向に向かって進んでいくことで、シナジー効果が生まれ、より大きな力を発揮することができます。

このようなシナジー効果を阻害する原因の1つに、部門の壁があります。お互いに敵対関係になっている場合だけでなく、良好な関係であっても部門の壁は存在します。それぞれの部門が、自部門の業績や業務内容に追われてしまっていて、全体を見渡すことができなくなると、見えない壁ができあがります。この部門の壁を取り払うためには、部門横断の交流が必要です。

例えば、部課長会議があります。進捗報告に終始するのではなく、どうすれば特定の商品の販売を強化できるかなどを、一緒に考えるようにします。

特定の商品の販売強化のように、共通の目標を設定すると、協働しやすくなります。管理職が対立していても、現場では仲よくやっているという場合もあります。これは、製品を完成させることが共通目標になっているからです。

酒類販売業を営むV社では、小売部門と卸売部門を有しています。共同仕入を行って、仕入原価を下げる取組みはしていますが、それだけにとどまっていました。営業のための情報交換などは行っていませんでした。

小売部門が、店頭でのディスプレイの参考事例を卸売部門に伝えれば、卸売部門はその情報を元にリテールサポートを行えます。反対に、卸売部門が他社の成功事例を小売部門に伝えて、店頭を改善することもできます。お互いに情報交換をすることで、営業力が強化されて、売上の拡大につながりました。

部門間の壁を取り払う方法として、お互いの職場を見学することもできます。同じ会社にいながら、部門が異なると、何をしているのかわからないことが多々あります。そこで、社内で職場見学をして、交流を深めます。

印刷業を営むW社では、デザインの担当者が印刷現場を知りたいということで、工場見学に行きました。実際に印刷機でインクの調整をしている様子を見ながら、よりよい色を出すための工夫を工場の方と話し合っていました。デジタルとアナログの違いを理解することで、より発色のよい商品を提供できるようになっています。

このように交流が進んでも、なかなか最後の壁を突破できないこともあります。お互いにプロとして誇りを持って仕事をしている場合などは、妥協点を見出すのに苦労をします。悪気がなくても喧嘩腰になってしまうこともあります。

そのようなときは、次の4点に留意しながら、意見交換を行います。

(1) 端的に話す

クッション言葉というものがあります。会話を円滑にするために使われる「大変恐縮ですが」のような表現です。相手に不快な思いをさせないために、ビジネスでも使われます。

しかし、会議のような場での多用は逆効果になります。内容をオブラートに包まず、端的に話したほうが議論をしやすくなります。言い訳のような補足説明も不要です。

⑵　事実ベースで話す

推測で話をしていても意味がありません。データで裏づけをした上で、事実ベースで議論をします。数字を使って話をすると、感情の入り込む余地が少なくなります。

要求内容と前提条件などを分けて話すことも大切です。

⑶　共通のメリットや目標を示す

お互いにとってのメリットや目標を示して、一体感を持って取り組みます。相手のメリットも示すことで、相手のことをきちんと考えていることを伝えます。

一方的に自部門の希望だけを伝えたのでは、角が立ちます。

⑷　相手の専門領域まで立ち入らない

相手にもプライドがあります。専門領域のことは相手に任せるべきです。

例えば、営業から製造へ原価の引下げを依頼する場合、詳細に工程のムダを指摘して改善するように伝えたとします。どんなに指摘した内容が正しかったとしても、外部からの指摘は時として受け入れ難いものです。感情的になってしまっては、議論は上手く進みません。

・カイゼン活動を活用しましょう

カイゼン活動も、他部門の巻込みに活用することができます。元々のカイゼン活動は、顧客のために、自分たちのできることを考える場でした。最近では、身の回りのことをよくする活動もカイゼン活動に含まれています。後者の場合は、自己満足で終わってしまうことも多々あります。

そのような事態を防ぐためには、カイゼン活動の目的と業務目的を一致させなければなりません。自分たちの取組みが、組織の何に、どのように役立っているのかを理解しなければ、利己的な活動になってしまいます。業務の一環として行う以上、成果が求められます。

とはいえ、カイゼン活動は、比較的緩やかな活動です。大きな方向性だけ与えて、何をするのかは、メンバーに任せても構いません。カイゼン活動として何をするかを決めるところから、メンバー間の意識の違いが現れます。その違いを尊重しながら、すり合わせをしていくことが大切です。誰かにやらされるのではなく、自主的に取り組むのが、カイゼン活動のよいところです。

カイゼン活動を行う際には、部門横断のほうが、より様々なアイデアが出てきます。傍目八目と言いますが、傍から見たほうが、よいアイデアを出せることもあります。他部門の考え方に触れることもできます。社内で異文化体験を行うことができます。

やらされ感ではなく、自分たちが楽しむことで、よい雰囲気で進めることができます。楽しむためには、お互いに否定をしないことが大切です。何でもありの精神で、自分たちがワクワクすることを選択していきます。自分たちなりに考えることを目標とします。小さなことでも成果を喜びます。完璧よりも前進を評価します。

このようにハードルを下げることで、誰もが参加しやすくなります。お互いに協力をして成果を出したという体験が、お互いの絆を強固なものにします。

業務としてこのレベルでよいのかと、疑問を持たれる方もいらっしゃると思います。その答えは、組織の状態によります。今まで何も自主的に活動することがなかったり、他部門と連携したことがなかったりするような組織では、ここから始めるべきです。

最初から高い目標を設定してしまうと、なかなか達成できず、劣等感を持ったり、挫折感が強くなったりすることがあります。組織の状況がよくなるにつれて、設定する課題のレベルも上がっていきます。

設定する課題のレベルが低いと感じるのであれば、まだ組織の熱が高まっていないということです。課題設定のレベルを高めるように指示をするのではなく、メンバーの意識を高めるように支援をしてください。

・みんなで会議を活用しましょう

ワイガヤ感のある部門間連携として、みんなで会議という方法もあります。特に従業員数の少ない会社におすすめです。

みんなでとは、部門全員、会社全員が参加するということです。だいたい10～20人くらいになります。カイゼン活動よりも、さらに雑多に行います。ファシリテーションにコツはいりますが、メリットもたくさんあります。

一番のメリットは、参加者のガス抜きになることです。日頃言いたいことがあっても言えないという方が、結構います。風通しのよい風土が一番ですが、そのような風土づくりの第1歩としても、みんなで会議は活用できます。

また、自分は発言をしなくても、他の人の意見を聞くことで、苦労を共有することもできます。他の人の状況がわからないと、自分だけが苦労していると考えてしまいがちです。他の人の悩みや苦労も聞くことで、みんな同じという一体感が出ます。

もう1つのメリットは、連携が図りやすいということです。特に、全社の方が参加している場合は有効です。その場で調整ができるので、部門横断の取組みもしやすくなります。

また、他部門のせいにできないというメリットもあります。他部門からその場で反論がありますので、お互いに罪のなすりつけ合いはできません。どうすれば課題を解決できるか、一緒に考えなければいけません。

みんなで会議のポイントは、いかに実行に持っていくかということです。アイデアは出すものの、いざ実行となると手を引っ込めてしまう方もいらっしゃいます。そうならないように、毎回、宿題を課すようにします。出したアイデアを実現するために必要な課題を抽出して、その解決方法を宿題とします。

あくまで業務の一環ですので、無責任な言動は困ります。アイデアを収束させていく中で、できることとできないことをふるいにかけていきます。最初は、ほとんどのアイデアが実現まで行かないかもしれません。それでも数を出しながら、1つでも多くのアイデアを実行していくことが大切です。

5　抵抗勢力を除去する

・ルール化、マニュアル化をしましょう

組織の熱が高まり、全体に熱が伝わっていくと、いよいよ組織が動き始めます。新しい流れや方向性に向かって、１人ひとりの挑戦が始まります。

そのような状況でも、最後まで抵抗する方が、どの組織にもいます。やはり、人間変わるということは、容易なことではありません。気持ちはわからないでもないですが、会社をよくしようと全員で動かなければ、会社は生まれ変わりません。梃子でも動かなければ、いかなる手段を使ってでも、抵抗勢力は排除しなければなりません。

抵抗勢力には、２種類あります。

１つは、現状維持タイプです。それまでのやり方で給与も支払われているため、新しいことに挑戦しようと思いません。何もしなくても給与をもらえるのであれば、何もしなくてよいというタイプです。面倒くさがりであったり、なかなか燃えなかったりする方です。

もう1つは、わが道を行くタイプです。自分のやり方を確立してしまっていて、他のやり方は採用したくないと考えます。このタイプは、しばしば優秀な方であることが多いです。このような方は、抵抗する力も強いので、何としてでも仲間になってもらわなければなりません。加速度をつけて進んでいきたいときに、大きなブレーキになってしまいます。本人に悪気がないこともありますので、一筋縄ではいきません。間違った方向に燃えてしまう方です。

このような抵抗勢力を排除するためには、搦め手で攻める必要があります。特に、現状維持タイプに有効なのが、新しい取組みをルール化、マニュアル化してしまう方法です。

給与がもらえればよいという考え方を逆手に取って、新しいやり方に順応できなければ評価が下がるような仕組みを整えます。個人で明確な意思を持っていない人であれば、新しいルールに渋々ながらも付き合います。新しいルールに付き合っているうちに、行動が変わってきます。行動が変わると、考え方も変わってきます。こうして、抵抗勢力から仲間に加わっていただきます。

この考え方は、禅の考え方に似ています。禅では、心を整えるために、まず自らの所作を整えます。所作を整える修行を通じて、心も整っていきます。

例えば、悲しいときでも、笑顔をつくっていると、少し気分が明るくなります。これを、ビジネスにも応用します。「おもてなしの心」を身につけたいのであれば、まずはしっかりと挨拶をするところから始めます。

仕組みづくりで有名な株式会社武蔵野では、来客時に立って挨拶をすると、手当が支払われるそうです。挨拶を面倒くさがる人でも、手当が支払われるのであればと、挨拶をするようになります。

結果として、来客時には誰もが必ず挨拶をします。挨拶をし続けていると、それが当たり前になり、コミュニケーションを取りやすくなります。挨拶をすることから、「おもてなしの心」を身につけていきます。

このとき大切なのは、トップ自ら率先して行うということです。オーナー経営者の場合、自分は特別だと思い込む方がいます。

確かに、オーナー経営者の持っている権限は大きなものです。それだけに、従業員はトップの動きをよく見ています。トップが行動しなければ、やらなくても問題ないと判断して、誰も本気で取り組みません。自分がやらないのに、相手にだけ強要することは難しいです。

人には感情がありますので、口だけの人についていこうとは思いません。本気にならなければ、会社は生まれ変わりません。先の挨拶運動の例でいえば、トップが先頭に立って挨拶を行うことで、従業員に本気度が伝わります。

・できない理由を潰していきましょう

抵抗勢力は、あれやこれやと理由をつけて、変わることに反対をします。一見すると正当な理由も多々あります。それでも、その理由に甘んじていてはいけません。できない理由は、これまでのやり方や考え方に基づいて生まれています。組織を変えるからには、前提から変えていかなければなりません。できない理由を並べるのではなく、それを1つずつ潰して、1歩ずつ進んでいきます。

前に進むためには、できる理由を探さなければなりません。壁が前にあるのであれば、どうすれば乗り越えられるかを考えます。すぐに明確な答えが見つかるとは限りません。それでも、何かヒントが出たら、そのことについてさらに考えてみます。

どうせ考え込むのであれば、正のスパイラルに乗るように頭を働かせることが大切です。例えば、来店客数が落ちたとしても、まだ来てくださるお客様はいます。そのお客様は、なぜ来てくださるかを考えます。その答えが、集客のヒントになります。

駐車場が不便なお店であっても、来てくださる方はいます。その大半は、車を持たない方です。車がなくても買物がしやすい仕掛けを導入することで、来店客の購買点数を上げることができます。経営資源がないからできないのではなく、持っている経営資源でできることを考えなければなりません。

このように、前に進むためには、やる方向で考える必要があります。できない理由が見つかったら、それを可能にする方法を考えます。失敗した経験だけでなく、上手くいった経験を思い出します。どうすれば成功確率を高められるかを考えます。検討をするときは、やる方向にバイアスをかけて考えます。ただし、無鉄砲な挑戦をすることとは違います。

やる方向で検討を重ねて、それでも可能性が見い出せないのであれば、退く勇気も必要です。検討を重ねて、少しでも可能性が見つかったのであれば、そこから小さく始めることが大切です。小さく始めて、成功体験を重ねて、大きく広げていきます。

このプロセスを繰り返していくと、さすがにできない理由もなくなってきます。信念もなく抵抗していだけの場合には、変革推進派の反論にさらに反論するだけの力はありません。手持ちの弾がなくなったところで、降参せざるを得なくなります。

ある支援先の部長の方は、演説の上手い方でした。なぜ売上が不振なのかをスラスラと説明していきます。しかし、よく聞いていると、その説明は表面をなぞっているだけに過ぎません。同じことを言葉を変えて話しているだけということがわかりました。そこで、筆者は、１歩踏み込んだ質問をしました。途端に、その方は言葉に詰まってしまいました。結局、原因究明や売上向上のための改善策を何も考えていないことがわかりました。

最終的に、その方は、自主退職されてしまいました。元々、その方の仕事を手伝っていた部下の方がそのまま仕事を引き継いだので、売上への影響はありませんでした。できない理由を並べて、自分を守る方は、残念ながら会社に必要な方ではありません。会社をよくするのに必要な方は、やる方法を考えて、実行できる方です。

・ピアプレッシャーをかけましょう

日本人の特性として、集団心理に弱いということがあります。他の人が間違っていると思っても、みんなが行っているからと同調してしまうことがあります。これが、集団的浅慮につながるのですが、これを逆手に取ることもできます。

新しいやり方になじまない人に対して、みんながやっているのになぜやらないのですか、とプレッシャーをかけます。これは、わが道を行くタイプの人にも有効です。優秀な方というのは、全体の空気を読む能力にも長けています。会社の方向性がこのまま変わっていけば、自分の居心地が悪くなることをいち早く察知します。察知をした上で、新しい流れに乗ってもらえれば、仲間となります。乗ることができない場合には、自主的に去っていくことになります。

ピアプレッシャーをかける際に、感情的になってはいけません。感情的になってしまうと、子供の喧嘩と変わりません。あくまで公平に客観的に行わなければなりません。

公平に行うということは、全員に同じことを要求するということです。特定の人にだけ、特別なことを要求してはいけません。同じ条件で他の人は行っているのに、抵抗勢力だけ行っていないという状況をつくり出す必要があります。

食品スーパーマーケットを営むX社では、売込み商品を決めて、売上を増加させる取組みをしていました。その中で、どうしても1部門だけ取組みが進まないところがありました。筆者が話をしても、自分なりに工夫をしているの一点張りです。本当に工夫をしていればよいのですが、1年以上経っても売場は改善されませんでした。

そこで、朝礼で各担当者に当日の売込み商品を発表してもらうことにしました。他の担当者が発表する中で、その方だけ発表できないという状況が続くことで、本人の意識が変わってきました。自分なりに考えて、仕入方法を変えたり、売場構成を変えたりするようになりました。少しずつですが、動き始めたように見えました。

ところが、取り組んだのはほんのつかの間で、またそこから変わらなくなってしまいました。経営者の方も担当を変える必要性があると判断するまでに至りました。本人にさらなる努力を要求するものの、口先で上手く逃げて、なかなか改善しようとしません。

転機が訪れたのは、ある年末のことでした。他の部門が前年度売上を達成する中で、その部門だけ前年度売上を大きく落としてしまいました。部門別売上という客観的な数字が出たことで、本人も諦めがついたようです。部門異動の話を承諾しました。今では、新しい売場の責任者としてがんばっています。

作業負担が減ったことで、売場づくりに集中できるようになりました。前の売場とは異なり、本人の意欲を感じる売場になりました。本人を責めるのではなく、数字として現れた結果を元に判断をしたことで、現状を受け入れて、次のステップに進むことができました。

・相手に敬意を払いましょう

組織変革が進むに連れて、変革推進派と抵抗勢力で溝が深まることがあります。推進派からすれば、変わらないことは悪であり、抵抗勢力は非協力的に見えます。一方の抵抗勢力からすると、推進派は、自分たちの安住の地を奪おうとしているように見えます。それぞれの立場から見ているので、お互いに自分たちが正義で、相手が間違っているとなりがちです。

このような状態のまま変革を進めると、組織に大きな傷が生じてしまいます。変革に痛みは伴うものとはいえ、再起できないほどのダメージを残しては意味がありません。変革は手段であり、大切なことは、会社としての最終目標を達成することです。たとえ、抵抗勢力を排除することになったとしても、禍根を残してはいけません。お互いに納得した上で行うようにします。

お互いに納得をするためには、腹を割って話すしかありません。とことん本音でぶつかり合って、落とし所を探っていきます。このときに、相手を尊重するということが大切です。自分たちを正義としてしまうと、相手のすべてが悪く見えます。しかし、どんな人にもよいところはあります。また、それまで一緒に会社を支えてきた仲間ですし、これからも会社のために必要な人たちです。相手のよいところは素直に認めて、敬意を払わなければなりません。

相手のよいところを見つける活動は、ありがとう運動等、様々な形で行われています。それが表面的になってしまうのは、相手に敬意を払うところまでいかないからです。

相手に対して壁をつくっているうちは、尊敬の念を抱くことができません。相手と率直に向き合って、よいところはよいと素直に認めなければなりません。これは、相手だけではなく、自分自身の問題でもあります。自分に自信がないと、つい相手を攻撃してしまいます。何があっても揺るがない信念や自信がなければ、相手を受け入れるだけの度量は持てません。どうしても相手に敬意を払うことができないときには、自分自身を見詰め直すことも必要です。

お互いに敬意を払うことができれば、コミュニケーションも円滑になります。ここでも形から入ることが可能です。それは、「ありがとう」と「ごめんなさい」を使用することです。簡単な言葉ですが、なかなか上手く言えないこともあります。魔法の言葉を口にするには、相手への思いやりが必要だからです。

これらは、相手が自分にしてくれた行為やその思いに対して、返す一言です。相手を思いやり、共感することができなければ、発することができません。また、受けたものを素直に認めることができなければ、発することができません。魔法の言葉を発することで、相手に対する思いやりや敬意を示すことができるようになってきます。

最初はぎこちないかもしれません。心にもないことを言うには、ストレスがかかります。このストレスを解消するには、本当に相手のことを考えて認めるしかありません。これが自然にできるようになれば、相手との信頼関係が深まります。

相手に敬意を払うのは、簡単なことではありません。それだけに、実行できた際に得られるものは大きいのです。

・よい関係、よい思考、よい行動、よい成果

成果を出すためには、行動を起こさなければなりません。下手な鉄砲ではなく、考えぬいた一手が求められます。間違った方向で考えていると、正しい答えは出てきません。組織の関係がギクシャクしていると、そこにいるメンバーに悪いストレスがかかります。悪いストレスがかかった状態では、考え方も曲がってしまいます。これでは、よい成果は出ません。

この負のスパイラルを断ち切らなければなりません。どこから断ち切るかは、組織の状況によって異なりますが、変えやすいところから行うのが鉄則です。

これまでお話してきたような手段を駆使して、成功事例を積み重ねていきます。ポジティブな仲間を増やして、抵抗勢力を追い込んでいきます。抵抗勢力がいなくなると、組織の関係がよくなります。関係がよくなると、素直に物を考えられるようになり、できる理由が見つかります。やり方がわかれば、後は実行するだけです。正しい考えに基づいた行動は、よい成果をもたらします。よい成果が出ると、メンバーのモチベーションが上がり、お互いの絆も深まります。

こうして組織の関係はよくなり、さらに前向きに考えることができます。よい関係、よい思考、よい行動、よい成果の正のスパイラルに突入すれば、組織は見る見る内に生まれ変わります。

筆者は、これまで、何度もこの生まれ変わる瞬間に立ち会ってきました。1人ひとりが、自分の仕事に誇りを持って、輝いた表情で仕事に取り組んでいます。

きつい状況が続いていても、ネガティブな発言をしなくなります。どうすれば目標を達成できるか、楽しみながら挑戦を続けています。本当に仕事が楽しくなります。これまでとは、まったく異なる世界が広がります。

この喜びを味わうためには、1歩踏み出さなければなりません。困難な状況でも諦めず、信念を持って進んだ先に、新たな世界が待っています。みなさんもきょうから1歩踏み出して、正のスパイラルへと突入していきませんか。そして、一緒に日本を元気にしていきましょう。

おわりに

最後までお読みいただきありがとうございました。本書で書かれていることは、目新しいことではなかったかもしれません。しかし、支援先の方々と試行錯誤しながら磨き上げた、経営革新に必要な本質的なことがらです。ぜひ、行動に移して、実践してください。

本書でご紹介した経営者の方々も、最初は、半信半疑でした。業績の低迷が長引く中で、考え方がネガティブになってしまっていたり、過去の栄光の幻影に取り憑かれてしまっていたりしました。それでも、筆者に刺激されて、経営革新に取り組むうちに、少しずつ成果が出てきました。成果が出てくると、考え方もポジティブになります。みなさんの発言が前向きになってくると、そろそろ筆者の出番も終わりです。そこからは、みなさんの手で道を切り開いてください。

本書は、筆者１人の力だけで生まれたものではありません。支援先の方々の努力の結晶です。また、折に触れてアドバイスをいただいた仲間や先人の知恵が詰まっています。改めて感謝します。

筆者のホームページの作成をお願いしているご縁から、素敵な概念図を作成いただいたユニトラストの野田敦幹様には、ご多忙中のところご尽力いただきました。ありがとうございます。

このような機会をご提供いただいたイー・プランニングの須賀柾晶様にもお礼申し上げます。

２０１６年５月　西新宿のオフィスにて

経営革新プロデューサー　菊地亮太

著者略歴

菊地 亮太（きくち りょうた）

essentia 代表 / 経営革新プロデューサー。

経営革新等認定支援機関。中小企業診断士。

1981 年生まれ。東京都出身。早稲田大学第一文学部卒業。大手流通小売業を経て、2011 年に独立。

心理学を活用して、売れる仕組みを構築する経営革新コンサルティングを実施。経営理念や事業コンセプトを明確にし、それをお客様に伝えるためのマーケティング活動や、社内に浸透させる組織力向上の取組みを中心とした経営支援を行っている。

現場に入り込み、平易な言葉で語る支援スタイルが好評。全国から支援の依頼が飛び込んでいる。

また、支援ノウハウを凝縮したセミナーや経営コラムも人気となっている。

HP：http://www.essentia2010.net/

経営コラム（ほぼ毎日更新）：http://www.essentia2010.net/column/

フェイスブック：http://www.facebook.com/essentia2010

連絡先：essentia@essentia2010.com

（感想などお寄せいただけると嬉しいです）

人の心を動かして 10 倍業績を上げる法

2016 年 6 月 22 日発行

著　者　菊地　亮太　© Ryota Kikuchi

発行人　森　　忠順

発行所　株式会社 セルバ出版

〒 113-0034

東京都文京区湯島 1 丁目 12 番 6 号 高関ビル 5 B

☎ 03（5812）1178　FAX 03（5812）1188

http://www.seluba.co.jp/

発　売　株式会社 創英社／三省堂書店

〒 101-0051

東京都千代田区神田神保町 1 丁目 1 番地

☎ 03（3291）2295　FAX 03（3292）7687

印刷・製本　モリモト印刷株式会社

Printed in JAPAN

ISBN978-4-86367-274-1